JN152884

こころを磨く
SOJI《掃除》の習慣

松本紹圭

Discover
ディスカヴァー

こころを磨くＳＯＪＩの習慣

はじめに

掃除から始まるお寺の朝

サッ、サッ。一掃きごと、東京は神谷町のビルの谷間に、竹ぼうきの音がこだまします。春は散りゆく梅や桜の花を惜しみながら、夏は群がる蚊に隙を与えない素早さで、秋は大量の落ち葉にもめげず、冬は冷たい北風に負けない運動量で、てきぱきと掃除をします。

ひとりでする無心の掃除もよし。みんなでするチームワークの掃除もよし。誰にでも簡単に楽しくでき、それでいて奥深い。それが掃除です。

道理はいたってシンプルです。上から下へ。流れに逆らわず。すべてのものを大切に。特別な技術はいりません。お釈迦さまの仏弟子のひとり、周利槃特《しゅりはんどく》は「ちりを払い、垢を除かん」と唱えながら、ひたすらほうきで掃き続け、悟りを得たといいます。

お寺の世界では伝統的に、掃除をはじめ、薪割りや草取りなど修行環境を整えるために必要な仕事を「作務《さむ》」と呼んできました。旅館の部屋着としてもお馴染みの「作務衣《さむえ》」は、もともと僧侶の作務のために動きやすく作られたものです。坐禅や念仏など、日本仏教にはいろいろなかたちがありますが、いずれにおいても掃除は修行の基本です。

人生は日日是修行。粗雑な生き方をすればこころは汚れ、丁寧な生き方をすればこころもきれいに整います。日々の掃除で暮らしの環境を整えれば、おのずとこころも整うというもの。うつ病などこころの病のセラピーに掃除が取り入れられるのもうなずけます。

掃除がお寺と人をつなぐテンプルモーニング

私は神谷町光明寺で「テンプルモーニング」という活動を行っています。ひとことで言うと、お寺の朝掃除の会です。二〇一一年に出版させていただいた前著『お坊さんが教えるこころが整う掃除の本』（ディスカヴァー・トゥエンティワン）は、海外でたくさんの言語に翻訳されました。そのおかげで私自身、いっそう掃除に力を入れるようになりました。そして二〇一七年に思い立って、お寺の朝掃除の会を始めることにしたのです。

テンプルモーニングは、二週間に一度くらいの間隔で不定期に開催しています。時間は朝の七時半から八時半まで。最初にお経を十五分間読み、境内を二十分間掃除します。大きく分けて三種類のお掃除に、みんなで手分けして取り組みます。境内の落ち葉掃き、お寺のテラスにある机や椅子などの拭き掃除、お墓の古くなったお花などを片付けるお墓掃除の三つです。

竹ぼうきを使った落ち葉掃きやお墓の掃除などは、なかなかご家庭ではできないものですから、とても新鮮な気持ちがしていいというご意見もあります。

掃除のあとは、参加者の皆さまと輪になってお茶を飲みながら、近況のご報告や最近考えていること、お悩み相談など、さまざまなことをお話しします。毎回十人から二十人ほどの方々が参加してくださっています。

テンプルモーニングには、大学生から会社員、主婦、個人で働いている人まで、老若男女いろいろな方々が集まってこられます。「掃除」という目的が誰にでも親しみやすい入口となって、コミュニティとしても面白いものになっています。

掃除がみんなに出番を提供し、おかげで自然とお寺がみんなの居場所になるのです。人と人との距離感がちょうどいいのだと感じています。おしゃべり好きな人はわいわいしゃべりながら掃除してもよし、無口な人は黙々と掃除に集中してもよし。どちらにしても、無理なく自然に過ごすことができます。

嬉しいことに、この活動は広がりを見せており、宗派や地域を超えて全国のお寺でも開かれるようになってきています。多くのお寺では毎日掃除をします。テンプルモーニングは文字通り、お寺の朝です。朝の来ないお寺はありません。どんなお寺もそれぞれ違う朝の顔を見せてくれます。

お寺の住職にとっては当たり前のことかもしれないけれど、早起きをしてお経を読んだり、掃除をしたり、お茶を飲むことは、とても気持ちがよいものです。それを住職がひとりでやっているということは、ある意味、お寺の豊かな朝の時間を住職が「独り占め」している状態とも言えます。

日本全国には七万以上のお寺があります。お寺はひとことで言えば「良き習慣づくりの道場」と表現できます。ここに毎日ひとりでも掃除に参加する方が増えれば、掃除を通じた日々の良き習慣づくりに励む大きな仲間の輪ができます。こうした掃除を入口とした日々の良き習慣づくりの広がりに、私は大きな可能性を感じます。

掃除とクリーニングの違い

自分のお寺を持たない私は、比較的身軽な立場であるのを生かして、全国のいろいろなお寺を回って、みなさんにお話をしたり、相談に乗ったりするのが仕事です。かつて中世時代などには「ひじり」と呼ばれる僧侶がおり、全国を遊行、遍歴していました。今は徒歩だけでなく、電車や飛行機にも乗りますが、作務衣で旅をしています。もしどこか旅先で私を見かけたら、気軽にお声がけください。一期一会の出会いもまた、遊行の醍醐味です。

日本全国、たまに海外、あちこちへ旅して感じるのは、急激に変化する世界の動きです。技術革新や社会変化によって人の暮らしはますます便利になりましたが、かえって自由が奪われ、心身がどんどんすり減っていくように感じられます。忙しい毎日だからこそ、日々の中で立ち止まり、一日のうちのほんの五分だけでも、自分なりの掃除を習慣にするよう心がけることで、感じられる変化は必ずあると思います。

仏教は、とらわれなく自由に生きるための教えです。前述の『お坊さんが教えるこころが整う掃除の本』は、日常そのものを仏道として生きるお坊さんだからこそ、日常の中で無理なくできる修行としての掃除をお伝えしたいと思い、筆をとったものです。

その本では僧侶の作務としての掃除について詳しく紹介させていただいたところ、思いがけずも十五ヶ国以上の言語に翻訳され、世界で広く読まれているようです。あとで、しまったと思ったのは、「掃除」を単純に「cleaning」と翻訳してしまったことです。確かに、言葉としてはそのように翻訳するほかないのですが、やはり日本語の「掃除」には、もっと深い意味合いが込められていると思います。

そのことに気づかせてくれたのは、ある海外の新聞記者さんからの質問でした。英国の新聞記者さんから、「英国では多くの人が掃除の作業を誰か他の人に外注していますそれではいけないのですか?」と聞かれたのです。

これに対し、私は「掃除は修行です。単なる作業とは違います。あなたは坐禅や瞑想を、お金を払って誰か他の人に自分の代わりにやってもらいますか?」と尋ね返しました。答えはもちろん、ノーでしょう。

それ以来、私は掃除を無理に外国語に訳すのはやめて、掃除という日本の言葉そのままの「Soji =ソージ」として、海外で説明することにしています。

ボーダーを超える掃除の輪

なるべく避けたい家事ではなく、自らのこころを磨く修行としての「掃除」。

世界中の人が自宅で修行をするような気持ちで、掃除を習慣にしてほしい。そんな思いに共感する人が増えているのでしょうか、最近は世界的に片付けや掃除の習慣づくりに関心が集まっているようです。中でも、片付けコンサルタントの近藤麻理恵さんは、米国でも大変な人気となっており、そのご活躍は世界中から注目されています。

先日、お寺で朝の掃除を終えたところに、来日中の中国人の方が、中国版の私の著書を片手に、お寺を訪ねてこられました。なんでも、中国では最近、国を挙げてマナーや道徳について学ぶことが推奨されているそうで、日本の「ＳＯＪＩ」に学ぼうという方が増えているとか。家庭も会社も掃除で整えていこうという真剣さを強く感じた面会でした。

また、最近、世界経済フォーラムの研修でイギリスを訪れたときに出会った仲間のひとり、チリ人のニコラスも、仏教に大変興味を持っていました。仏教について話す中で、禅のお坊さんの僧堂では、坐禅以上に掃除に時間をかけているという話をしたら、急に日本語で「オソウジ！」と言うではありませんか。

近年増えているお掃除ロボットを作る会社がチリにもあるらしく、ニコラスはその会社を支援しているとか。そして、社名を「オソウジ・ドットコム」にしたのだそうです。パンダの絵に「Osoji」の文字が添えられている可愛らしいロゴの会社です。日本のお掃除は地球の反対側まで行っていることを実感しました。

最近、マインドフルネスが世界に広まっています。それは「今、この瞬間の体験に意図的に意識を向け、評価をせずに、とらわれのない状態で、ただ観ること」とも定義され、日本にもその流れは来ています。都会のビジネスマンたちの間で、そのような西洋経由で脱宗教化された瞑想や思想への関心が高まっているのだそうです。きっかけは何であれ、仏道に関心を寄せる人が増えるのはうれしいことです。

しかし、もともと習慣として持っていなかった瞑想の時間を日々の生活に取り入れるというのは、なかなか難しいものです。仏道にはさまざまな入り口がありますが、なかでも誰にでも気軽に仏道に触れられるのが、掃除だと思います。

もし、誰の生活にも関係のある日々の掃除の作業をマインドフルネス習慣としての掃除に変えることができたら、すごいことだと思います。国籍も、文化も、性別も、社会的地位も、年齢も、能力も、技術も、宗教も、お金の有無も関係なく、掃除は誰にでも取り組むことができます。

宗教なき post religion 時代、掃除で、マインドフルネスのその先へ

「宗教」という言葉は、西洋の Religion の訳語として明治期に定着しました。その語源をひも解くと、もともとは、固く縛る、固く結ぶという意味を持っていたそうです。確かに宗教は、強固に結ばれた民族や社会を抜きにして語ることはできませんし、神との契約によって縛られるという側面があります。

時代や地域性にもよりますが、人類が苦難の時代を生きたときに、宗教は、本当に大きな救いになってきました。みなを結びつけ、奮い立たせてきました。それが宗教の機能でした。特にユダヤ教、キリスト教、イスラム教といった一神教には、そうした宗教の性質が色濃く出ています。

これに対し、日本には、西洋のような意味での宗教という概念がありませんで

した。今でいう仏教も、明治に入るまでは主に「仏道」や「仏法」という言葉で表されていました。お寺が一大勢力をなして権力を振るっていた時代でも、それは人びとを縛りつける宗教としてのあり方をしてはいなかったはずです。

それが、明治に入ると、西洋の国々と肩を並べていかなければならない状況となりました。仏教も例外ではありませんでした。それまで仏道としか言っていなかったものを、急ごしらえで宗教としての「仏教」に作り変える必要があったのです。

ところが現代になると、今度は西洋の人たちの中で、仏道に注目が集まっています。それは、仏道が仏教という宗教ではなく、叡智であり実践であり、哲学と受け止められているからです。なかでも、身体的な実践があるところが高く評価されているようです。思想の話だけでなく、実際に身体を動かして何かをやる、ということです。

今のところ、関心の中心は坐禅にあるようですが、日本の仏道は生活すべてが仏道です。きっと近いうち、関心は掃除へと広がっていくに違いないと期待しています。

私が世界へ遊行の足を伸ばすたび、感じていることがあります。それは、世界中で、固く縛る、固く結びつけるという意味での宗教から、離れたがっている人々がいるということです。それは、多かれ少なかれ、どの国でもどの宗教でも見られる現象だと思います。もちろん、信仰の篤い地域もありますし、世界中が一様に宗教離れの方向へ進んでいるわけではありません。しかし、私が見るところ、世界の大都市を中心として都市化が進んでいる社会では、特に若い世代で宗教から離れる傾向が明らかです。

興味深いことに、それと同時に起こっているのが、精神修養を大切にする気持ちの高まりです。世界のあちこちで若い世代の方とお会いすると、本当に多くの人が「私はそんなに宗教熱心ではありませんが、心を育てることを大事にしたいと思っています」と言います。

私はこの現象を、post religion（宗教のその先）と呼んでいます。固く縛る宗教から離れつつ、心を大事にしようとする世界の流れは、きっとこれからも続いていくでしょう。

私は、掃除という実践に、宗教の壁を超えていく可能性も感じています。あらゆる宗教には聖地があり、その聖地を祓い清めることを大切にしない宗教はありません。

平和のために宗教間の対話が大切だと言われますが、頭ではわかっていても、実際に教義や行動規範が異なれば、結局は「うちの宗教が一番」という話で終わってしまうこともあるでしょう。言葉のみの交流には限界があります。

でも、掃除なら、そうした言葉の限界を超え、宗教の違いを超えた交流ができます。異なる宗教の人たち同士が、お互いの聖地をみんなで掃除し合ったら、世の中はもっと平和になるような気がします。

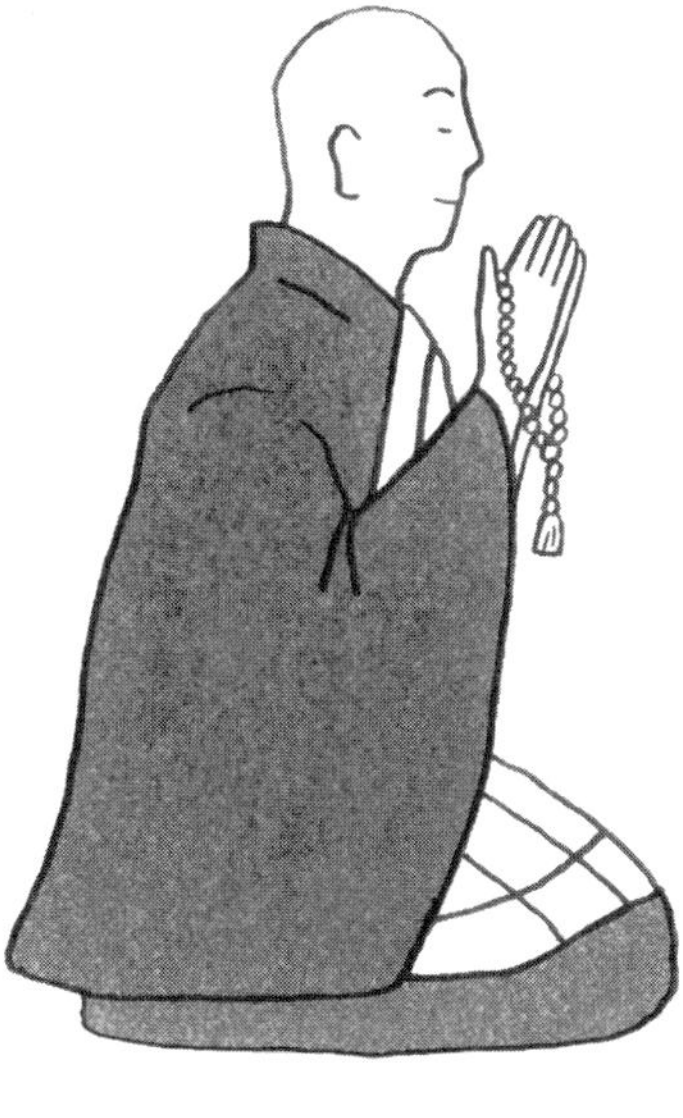

掃除はこころと世界を同時に磨く

仏道の基本は「戒定慧《かいじょうえ》」の三学です。

「戒」は戒律。生活を整え良き習慣を身につけること

「定」は集中力。心を制御して平静を保つこと

「慧」は智慧。究極的に覚《さと》りであり、自己と世界を正しく見ること

木に例えるなら、戒は根で、定は幹、そして慧は果実となるでしょう。注目すべき根っこの戒はもともとパーリ語で「シーラ」といい、「習慣」や「人柄」という意味だったそうです。戒というと「守らなければいけない規則」のイメージが強いかもしれませんが、本来はあくまでも自分のために守るものです。良き習慣を身につければ、人柄も変わっていくということでしょう。

では、何が「良き」習慣なのでしょうか。仏道は人の「苦」を扱うものですから、良き習慣とは「自分も周囲もより苦しまず、より幸せに生きられるようになるための習慣」ということになるでしょう。身体的な振る舞いの習慣もあれば、言葉の習慣も考え方の習慣もあり、それらは相互に影響し合っています。

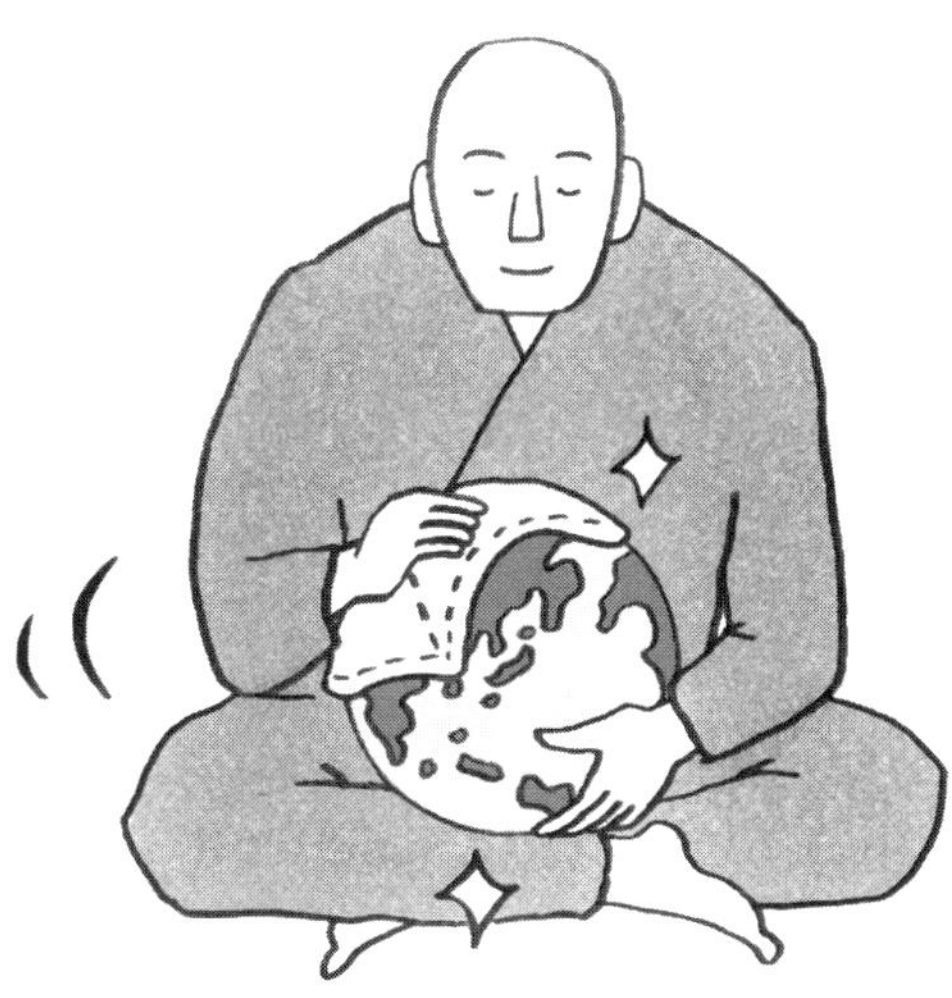

掃除は、良き習慣の基本です。難しく考えることはありません。ただ、掃除する。それだけです。始めるにあたって、とくべつな技術や知識もいりません。

準備の段階から、掃除は良き習慣づくりに役立ちます。

掃除をしようと思ったら、まずものを減らすことから。

多くのものを持たず、持つとしても良いものしか周りに置かない。されば、捨てるものもありません。

そして、ものと上手に付き合うこと。ものの声を聞き、ものの本質を見抜き、あるべきものをあるべきようにあるべき場所に収めれば、自ずとものは片付きます。

そして、汚れをとること。ちりひとつない場所では、誰のこころも引っかからなくなります。しかし、ちりは放っておけばすぐに積もるもの。無心で磨き続けることで、こころの曇りをとりましょう。

掃除は、人生で大切なことをすべて教えてくれます。

習慣の力。
ありのままに見ること。
目的思考から離れること。
頭でっかちにならないこと。
良い悪いの価値判断から離れること。
「これでいいのだ」を知ること。
優越感や劣等感を捨てること。
予想外のことを受け入れること。
何者にも依存しないこと。
周囲と調和すること。
思い通りにならないことを知ること。
褒められても動じないこころを養うこと。
人間関係を整えること。
自己中心性から離れること。

一緒に掃除をした方からは、いろいろな感想を聞きます。

「心が洗われました」
「自分を見つめる時間になりました」
「瞑想をするような気持ちで取り組みました」
「早起きして身体を動かすのって気持ちいいですね」
「お墓を掃除したら、ご先祖さまのことを思い出しました」
「掃除仲間と会って話せるのが楽しいです」
「季節の変化を感じます」
「掃除した場所に愛着が出て、自分の居場所が広がりますね」
「時々参加することで、生活を整える習慣になります」
「無心になれました」

掃除には、お寺の修行の大切な要素がすべて詰まっています。掃除がもっとも長く時間をかけてなされる修行とされている僧堂も、少なくありません。

僧堂で修行僧たちが掃除を通じてどのような変化をしていくのか、今回の本では仏道の大先輩方と対話させていただいて見えてきた、掃除と人の成長の関係についても紹介していきます。そしてまた、私たちの掃除が、個人の内面だけでなく、私たちの暮らす地球を磨くこととどうつながっていくのかも。

特別なことは何ひとつありません。でも、本当に大切なことは、実は何も特別なことではないのだと、本当は誰もが知っているのではないでしょうか。

この本を読んだ皆さんにとって、掃除がより楽しく、より意義深いものになり、良い習慣として身につけられることを願っています。

本書は小社より二〇一九年四月に刊行した『SOJI-DO入門 こころを磨く、世界を磨く掃除の教え』を改題したものです。

もくじ

第一章

なぜ掃除なのか

掃除は修行

掃除はボーダーを超える

第二章

日日の掃除

ものを減らす

片付ける

汚れをとる

磨く

名僧に掃除を訊ねる②

第三章

掃除が教えてくれる人生で大切なこと

第四章

仏道と掃除

第五章

掃除はお寺と社会をつなぐ

第一章

なぜ掃除なのか

掃除は修行

掃除は、人に代わってもらうことはできない

掃除は修行です。修行だから、坐禅を人に代わってもらうことができないように、掃除も人に代わってもらうことはできません。

掃除が修行だというと、日本の方はすんなり理解されます。きっと子どもの頃から無意識に、掃除の修行的な意味に自然に触れて育つからでしょう。

けれども、外国の方は、え？と驚くこともあります。そんなときは、日本のお坊さんは僧堂において坐禅よりも掃除に時間を注ぐこと、生活のすべてが仏道修行であることをお伝えすると、ああそうなんだ、と納得されます。

単なる作業としての掃除なら、確かに誰かに代わってもらうこともできますし、それを否定するわけではありません。仕事や子育てが忙しくて掃除の時間が取れないなど、生活の環境を整えるために誰かの助けを得ることが必要なときもあります。自分でやらないからといって、罪悪感を感じたり、後ろめたい気持ちになることはないのです。時間がないのに無理に自分でやろうとして、苦行になってしまっては、決して続きませんし、修行になりません。

楽しく続けられてこその修行であり、掃除です。他の誰かに代わりたくなくなるほど、楽しむ気持ちで取り組みましょう。

日常生活そのものを修行に変えていくことができる

仏道の修行には、宗派によってもいろいろな種類があります。禅系なら坐禅ですし、浄土系なら念仏といった具合です。口で称える念仏は易行と呼ばれ、比較的親しみやすいものですが、それでも何か新しい習慣を生活に取り入れるというのは、なかなかできることではありません。この点、掃除の場合は、日常生活の中ですでに普通に行っている行為ですから、それを仏道修行にしてしまえれば、それに勝る入り口はありません。
うちでは掃除は専門の業者さんにお願いしていますよ、という人であっても、全部が全部、外注というわけではないはずです。机を拭くとかお皿を洗うといったちょっとしたことでも、修行にできます。

掃除というのは、日常生活の中にある修行のひとつの象徴です。日常生活そのものをすべて修行に変えていくことができる。何をしていても、修行に生きることができる。そのことを知るのに、掃除という日常的な行為は、もっともよい機会になると思います。

では、どのようにすれば、掃除を修行にすることができるのでしょうか?

作務衣を着てやればいいというものではありません。取り組み姿勢が大事です。先ほども述べましたが、掃除は人に代わってもらうものではなく、自分と向き合う行為です。
掃除を単なる作業ではなく、自分を知るための修行とするために、もっとも簡単で基本的な取り組み姿勢は、「ゆっくりと、丁寧に、隅々まで意識を行き渡らせて」することです。

私たち人間が日常生活で行う動作のほとんどは、反射的に行われています。歩くときに、右足、左足、と意識して歩くことはありませんよね。掃除も普段から慣れている人であれば、一つ一つの動作を意識することはほとんどないでしょう。そう考えれば、私たちは日頃から染み付いた「クセ」によって掃除しているといっても、過言ではありません。

つまり、自分を知ることは、そのような自分のクセを意識して知ることから始まります。振る舞いのクセ、言葉のクセ、考え方のクセ。それらを意識できるようになることが、修行の一つの成果になります。

とはいっても、「掃除は修行だ」といくら自分に言い聞かせても、すぐに気持ちを切り換えるのは難しいですよね。そこで、作業としての掃除から、修行としての掃除へと気持ちを切り替えるために、何か特別なことをやってみるのはいかがでしょうか。たとえば、お香をたく、五分間目を閉じて深呼吸をしてみる、お経を読んでみるなど……。その意味では、作務衣を着るなどの形から入るのも、一つのきっかけになると思います。イチロー選手も、毎回打席に立つ際に、必ず同じ動作をすることを習慣にしていたと言います。掃除を始める前に自分なりの「儀式」をして、気持ちを切り換えてみてはいかがでしょうか。

また、掃除に取りかかってすぐに集中できなくても心配ありません。掃除を始めるとき、最初は、よっこいしょという感じだったのが、やっているうちに少しずつ気持ちが乗ってきた経験はありませんか？　だんだん無心になって集中していく。その感覚は、みなさんお持ちのことと思います。それでいいのです。

日によっては、最後まで集中できないこともあるでしょう。それならそれで、いいのです。がっかりすることなく、ただ「今日は集中できなかったな」と受け止めれば大丈夫です。人は日々変化しています。自分の日々の変化を知るのもまた、掃除の恵みです。

掃除はボーダーを超える

❶ 掃除は性別を超える

お寺の朝掃除の会には、老若男女、本当にさまざまな人が集います。

統計などを見ていますと、世界ではまだまだ「家事は女性がやるもの」という文化を持つ国のほうが多いようです。しかし、修行に興味を持つ人は男女を問いませんし、仏道に男女の別はありません。

❷ 掃除は社会的地位を超える

掃除について海外でお話しすると、それぞれ掃除に対する考え方が違って面白いものです。日本では社員が掃除をするのは普通にありますし、ときには社長が一緒になって掃除をすることもあります。実際にそれを続けて成功している企業もたくさんあると聞きます。イエローハットの創業者、鍵山秀三郎さんが有名です。

小学校で先生と生徒が一緒になって掃除をすることを日本人は当たり前のように思っていますが、海外の多くの国ではそれは専門業者の仕事になっています。掃除や給食の配膳といった生活の基本的なことを生徒が学び行う日本の教育は、世界で注目されているようです。

❸ 掃除はお金の有無を問わない

今どきは何をするにもお金のかかる社会になってしまいましたが、掃除をするのにお金はかかりません。幸い、今のところ、お金を払って掃除をさせてもらうという話は聞いたことがありません。

使いやすい道具があれば、確かに気持ちよく掃除ができますが、掃除の道具を揃えるためにお金を貯めなければ、というほどのことはないでしょう。ほうきか雑巾さえあれば、あとは何もなくてもできてしまいます。ほうきや雑巾も、材料さえあれば作れてしまいますし。

❹ 掃除は年齢を超える

仏道修行の中には、肉体的にも精神的にも相当きつい、子どもやお年寄りには向かないものもあります。しかし、掃除なら、誰もが自分の体力や身体の大きさに応じたやり方で行えます。子どもからおじいちゃんおばあちゃんまで。年齢を問わず誰でも一緒にできるのが、掃除の良いところです。

❺ 掃除は能力も技術も問わない

作業としての掃除の場合、器具の操作法、洗剤の知識など、特別な知識や能力が求められることもありますが、修行としての掃除は自分に向き合う時間ですから、自分でやりたいようにやればいいのです。僧侶が専門で修行する僧堂であれば、入ってきたばかりの新米僧侶が先輩僧侶から厳しく指導されることはあるでしょう。しかし、修行としての掃除は基本的に、上手い下手で評価されるようなものでもありません。

もちろん、雑巾の絞り方や拭き方、竹ぼうきの使い方など、まったくやったことがない人は、多少の練習が必要でしょう。でも、すぐに慣れますし、上達の過程も楽しいものです。

⑥ 掃除は環境を問わない

仏道修行といえば、冷たい滝に打たれる修行者の姿を想像される方がいらっしゃいますが、実際には仏道修行の中でも滝行はそんなに主流ではありません。できる環境が限られるのが、一つの理由だと思います。滝のあるところに行かなければ、滝行はできません。でも、掃除なら、自分の部屋でも会社でも家でも学校でも公園でも、どこでもできます。

⑦ 掃除は宗教も超える

掃除には、宗教者もいらなければ、経典も儀式もありません。掃除は自分の心に向き合う修行です。何か宗教と紐付けなければいけないということはありません。どんな宗教、宗派の人たちもいっしょに行うことができます。

宗教を問わず、教会やお寺を預かる聖職者の人たちは、自分たちが預かる聖地を掃除してきれいに保つことに熱心です。共通のことに熱心なら、きっと仲良くなれるはず。掃除は宗教も超えていくのではないかと、期待しています。

性別も地位も関係なし
年齢
国籍や人種

❽ 地球を考えるきっかけになる

あるとき、こんな質問をいただきました。掃き掃除は好きですが、これって、同じ地球上にあるものを右から左へと寄せるだけではないでしょうか？　掃除って何なのでしょうか？　と。

掃除をしていると、そんな素朴な疑問がたくさん湧いてきます。それもまた、掃除の一つの効能だと思っています。小さな疑問を掘り下げていくと、どんどんいろんなものが繋がってきて、広い目でいのちの循環、生態系全体に目を向けることにつながっていきます。それはすなわち地球を考えることです。

今、地球環境の危機がかつてないほど高まっています。そしてそれは気候変動や環境汚染といった自然環境だけでなく、差別や暴力など人間を取り巻くあらゆる環境に及びます。さらに、その問題を解決する主体は、もはや国連や各国政府など公的機関に任せておくだけでは間に合わず、世界中の企業や組織はもとより、地球市民の一人ひとりが立ち上がって主体的に行動する必要があります。

そのような中、二〇一五年に国連にて採択されたＳＤＧｓは、貧困・飢餓・不平等など十七の諸課題を解決するための目標で、世界中でその実現に向けた動きが活発化しています。ＳＤＧｓとは、Sustainable Development Goals（持続可能な開発目標）の頭文字です。「誰一人取り残さない」という理念は仏教に通じます。

仏道の目的である自他の「抜苦与楽」は、言い換えると私たち一人ひとりが自分も他者も地球も持続可能な良き習慣を身につけ、その良き習慣が社会全体に広まって慣習として定着することでもあると思います。そう考えると、私たち一人ひとりが良き習慣を持つことは、地球の健康を守ることにもつながるはずです。

自己も他者も地球も苦しむことなく、将来に苦が生まれる種を蒔くこともない、そのような習慣を身につけ保つために、掃除はその基本となるでしょう。

❾ お寺を掃除することを通じて、仏さまとつながり、生命とつながり、世界とつながる

お寺に限らず、会社でも自宅でも、そこを自分で丁寧に掃除するということは、その場所とつながる行為です。掃除をした場所は私の安心できる居場所となり、自分自身の身体の空間が広がった感覚が養われます。

少し前、サッカーのワールドカップの試合で、自発的にスタジアムの掃除をして帰る日本のサポーターたちが話題となりました。日本人のマナーの良さ、掃除が習慣として身についている文化が、世界から称賛されました。それは確かに、マナーの良さとして見ることもできますが、私はそれに、少し違った意味合いを見出しました。

その掃除は、彼らにとって、そのスタジアムを自分たちの聖地にするための儀式だったのではないかと思うのです。その場に立ち会ったという思い出を心に刻みながら、自分たちの人生にとってかけがえのない体験を与えてくれたその場所と、彼らは掃除を通してつながったのではないでしょうか。

掃除をすることによって、そのスタジアムが自分の聖地となり、特別な場所として記憶されたのではないかと思うのです。掃除には、それだけの力があります。

お寺の場合は、仏さまとつながる行為になります。朝の境内の掃除をして、お寺のご本尊さまにお参りしてご挨拶すれば、とても清々しい気持ちで一日を始められます。

墓地の掃除は、死者とつながる行為です。普段のお墓参りでは、せいぜい自分の家族のお墓しか掃除しませんが、お寺の墓地全体の掃除を手伝うと、たくさんのよそのお宅のお墓を掃除することになります。そうすると、全然知らない人だけれども、さかのぼればどこかでつながるかもしれないな、このお墓に連らなった人が、過去に数え切れないほどいたんだなと、いろいろなことに気づいていきます。掃除を通じて死者とつながっていくことができるのです。

つながりといえば、私は二〇一二年から「未来の住職塾」という塾を始めて、これまで全国の六百のお寺とつながりました。宗派も地域も立場も超えて、とても大事な人間関係ができたことが、私の居場所を大きくしてくれていると感じています。

お寺の住職は「住む職」と書くぐらい、その土地に根ざしています。土地の人たちともたくさんつながっているので、住職に案内してもらうと、その土地のたいていの人とつながることができます。お寺の住職とつながることは、自分の故郷が広がった感覚をもたらしてくれます。

そんな全国のお寺と、掃除を通じてつながることができたら、素晴らしいと思いませんか？　私はお寺で誰もが自由に掃除できる文化を、テンプルモーニングなどの取り組みで、全国に広めたいと思っています。

お寺だけではありません。神社や教会やモスク、みんなのこころの拠りどころとなる聖地ならどこでも、掃除でつながれるように思います。掃除で世界中が自分の聖地になったら、すごいですね。

名僧に掃除を訊ねる①

比叡山「掃除地獄」の修行

堀澤祖門門主（三千院）

掃除地獄

比叡山には「三大地獄」と呼ばれるものがあります。地獄といっても、死後の世界の話ではありません。そこで修行するお坊さんにとって、とりわけ厳しい行のことが「地獄」として、恐れられているのです。

一つ目の地獄は、「回峰地獄」と呼ばれる修行です。仏教の修行というと、じっと静かに坐り続ける坐禅のイメージがあるかもしれませんが、歩く修行法もあります。その中でも、比叡山の「千日回峰行」は、歩く行を極限まで高めた世界有数の厳しい修行として知られています。

その千日間に及ぶ千日回峰行は、七年間かけて行われます。一年目、二年目、三年目の間は、比叡山の中を一日につき三十キロ、年に百日間歩きます。しかも毎日、二百五十五箇所の巡礼地点でお参りしなければなりませんので、ただ歩くだけの運動以上に大変です。

四年目、五年目になると、今度は、年間の行の日数がそれぞれの年で二百日間ずつに倍増します。五年目で七百日を終えると、その後九日間、不眠・不臥・断食・断水によって不動明王と一体になる「堂入り（どういり）」の行を満じます。この堂入りは想像を絶する大変な修行で、実際、白装束に死出紐と宝剣を腰につけ、「もし行を終えることができなければ、自らいのちを絶つ」という覚悟で臨むのだそうです。

そして六年目には、比叡山の京都側山麓の赤山禅院までの往復を含む一日六十キロを百日間。七年目は、「大廻り」といって京都市内の寺社への巡拝往復に一日八十四キロの百日間、それが終わってさらに最後の百日を千日行の感謝行として最初の三十キロに戻って廻ります。結局、七年目は二百日間を続けて歩くことになります。それで合計約千日になるわけです。

千日間の合計歩行距離は実に四万キロ、ほぼ地球を一周する距離となります。

二つ目の地獄は、延暦寺元三大師堂の「看経《かんきん》地獄」です。看経とは、お経を読むこと。大師堂の修行は、お経を読む時間の非常な長さで知られます。私もお経を読む時間の長い法要に出ることがありますが、仏さまの前で姿勢を整えて大きな声を出すことは、最初は心地よいながらも、次第に、足は痺れ、声は嗄れてきます。季節によっては暑さや寒さが身体に堪えます。ましてや比叡山の厳しい自然の中での読経三昧がどれだけ厳しいものかは、想像に難くありません。

そして、三つ目の地獄が、比叡山の中でももっとも大切にされる聖域の延暦寺浄土院の「掃除地獄」です。なんといっても、祖師である伝教大師最澄が眠る御廟所ですから、木の葉一枚、草一本、生やさず、お守りしなければなりません。そのための掃除は、日日の修行に加えて、とても大事な行となっており、太陽が燦々と照りつける夏の暑い日も、雪がしんしんと降り積もる冬の寒い日も、ひたすらお寺を整えて、伝教大師にお仕えし続けます。

若かりし頃、その浄土院を預かっていらっしゃったご経験を持つ大原三千院の堀澤祖門ご門主に、「掃除地獄」の体験をお聞かせいただきました。

本人にとっては「地獄」ではない

浄土院は、掃除地獄といって、比叡山の三つの地獄のうちの一つとして恐れられているようですが、それは外から見てのお話です。行っております本人は地獄とは思っておりません。行ですから、楽だとか楽しいなどということはないにしても、そんなに苦しいとは思わない。苦しいと思ったら、続きませんからね。

浄土院では、ひとりで伝教大師最澄さまにお仕えすることになります。朝、三時半前に起きて、午前四時から一日が始まる。そこでは、伝教大師は生きていらっしゃいます。生きている伝教大師にお仕えするわけですから、朝食、お昼、それからお茶と、決まった時間に一分と違うことなく、お出ししなければなりません。生きていらっしゃるから、いわゆるお仏飯として上げるのではないのです。

そして、ひたすらお寺を掃除し、整えるわけですな。夕方のお勤めは午後四時ですから、終わったら午後五時になります。仕事が終われば、ドアをみんな閉めてしまって、外部と遮断します。あとは勉強するとか、坐禅するとか、自分の行に入ります。

比叡山「掃除地獄」の修行
堀澤祖門門主（三千院）

比叡山に限らず、高野山でも、弘法大師空海がまだ山で修行をし続けているとされます。このように、昔の祖師が今も生きていらっしゃるという信仰は、さまざまな宗教で見られます。目に見えない方へ向けてのご奉仕の歴史が、その土地に聖性を積み重ねていくのでしょう。

掃除になりきる

私は浄土院に、六年間くらいいました。もちろん、掃除をするときもひとりです。掃除するときは、掃除になりきってしまっていて、あまり考えません。なりきっているから、時間を忘れてしまいます。楽しいんです。

こんなふうに、時を忘れるほどに掃除になりきる、これがいいんじゃないですかね。行としてしまうと、「行をしなければ」「掃除をしなければ」という意識がどこかに出てきてしまいますからね。それはまだまだ雑念です。それも忘れてただ、ほうきならほうきと一緒になる。草引きなら草引きになりきる。そうすると、時間が経つのを忘れているということになるわけです。私の掃除はそのようなものですよ。

踊り念仏で南無阿弥陀仏の教えを広めた一遍上人は、「称える」ではなく「南無阿弥陀仏に、なる」と表現されましたが、「掃除になりきる」とのお話には、それに通ずるものを感じます。何かを極めると、それと一体化するところまでいくのでしょう。そして、楽しい。「地獄」というのは、外から見てのことにすぎなかったのです。

動いて雑念を捨てる

掃除をして、その場がきれいになると、充足感がありますね。やってよかったと。疲れて汗だらけになっても、終わったときは充足感を感じる。掃除はいわば動禅、動いている禅ですね。

禅には、静禅と動禅がありますが、私は動禅のほうが大事だと思っています。座っていると、どうしても型にはまりやすくなってしまいますからね。

たとえば仁王禅という禅があります。仁王になったつもりで力いっぱい座れ、という禅です。「むーっ」と、無を大音声で互い言い合う、という禅もあります。大音声を出すことで集中するから、ということですが、すると、それが一つの型となって、そうしなければいけないと思ってしまう。これに対し、そういうものを、みんな外さなければいけないということを言う人もいますが、でも、難しいんです。すべてを捨てるということは本当に難しい。「捨てきって坐れ」とだけ言われても、できるものではありません（笑）。

私は禅宗の僧侶ではないので、日頃から坐禅に親しんでいるわけではありませんから、坐禅の初心者にとっての静的な禅の難しさはよくわかります。動いてはいけない、姿勢を保たなければいけないなど、形にばかり意識がいき、ついつい身体が力んでしまうのです。動禅は、動くからこそ、そうした雑念が捨てやすいのかもしれません。

考えることは、集中ではない

お経を読んでいるうちは、読むことに集中していますから、何も考えないでいられます。お経は漢文ですから、読んだその場ですーっとわからなくても、何度も繰り返し読んでいるうちに、意味は大体わかってきます。だから中身はだいたい理解しながら読んでいくわけですが、それ以外に考えることなんてできませんし、する必要もありません。掃除も同じです。考える必要はありません。ほうきになりきればいい。

あれこれ考えることとは、頭で分別することとです。そして、分別心というのは一種の妄想です。妄想をなくすためには、考えたらいけないのです。妄想をなくそうと考えるというのは、いわば「考え」を「考え」で抑えこもうとすることで、プラスマイナスの力が同時に働いているわけで、両方とも邪魔なんです。

考えることを集中することだと思っている人がいるかもしれませんが、考えることと集中することは別もの。集中しているというのは、考えられない、ということです。集中とは、それになりきっているからこそ集中なんですから。掃除しているとき、ほうきになりきるのと同じようにね。

集中は、頭で行うものではありません。集中しようと考えても集中できるものではなく、集中しようという考えを手放したときに、起こるものです。集中しているときは、「集中しているな」という考え自体が浮かんでこないのです。スポーツにおいて集中力が高まったときと似ているかもしれません。

堀澤さんは、お経を読み、掃除をされているとき、お経になり、掃除になりきっておられるのでしょう。

聖域は目の前にある

お寺とか神社の周りには、必ず大木があります。そこが聖域となって、人びとを惹きつけ、安らぎを与えています。まずは、この聖域を掃除するのですが、そのうち、聖域はお寺や神社だけじゃなくて、あらゆるところがそうだとわかってきたら、大したものです。普通は、そこがなかなかわからない。聖なるものと聖ではないものを分けて、自分の日常は聖ではないと思っている。お寺や神社のような特別な空間だけが聖だと思っているから、わざわざ時間とお金をかけても、そこへ行きたがるわけです。

ところが、本当にわかった人は、自分の空間、自分の現在いるところそのものが聖なんだと感じる。それが悟りです。聖域を別なところに求めたり、聖者を自分たちとはまったく別な人たちだと考えるのは、区別と比較による相対的な世界です。これに対し、悟りに至ると、すべてが聖になる。何ひとつとして、「法」でないものはなくなるのです。

泥を落としたら仏になるという考え方があります。われわれは、もともと凡夫だと。泥だらけの凡夫だから、泥を落としていけば、いずれはそれが全くなくなった仏になるんじゃなかろうかと。だから、成仏というのです。仏になる、と。

でも、そうそうできることではない。私も長いこと修行してきましたが、自分を変えるというのは、まず不可能です。

掃除にしても、掃いても掃いても枯れ葉は積もる。完成ということがない。よくやったものですよ。上のほうにある木を揺すって、明日の分の葉っぱも落とす。明日の分も掃いちゃっておこうと。それが人間の気持ちなんですね。

でも、掃くべきものが何もなくなるようにするのが掃除じゃない。無限にきりのないものなんです。「俺は悟ったぞ」と言うとしたら、悟ることそのものより、悟った自分がいるんだ、ということを言いたいだけなんでしょう。「自分」がいるうちは、これ（自分）が邪魔なんですね。

堀澤さんは「私たちは皆、泥仏なんだ」とおっしゃいます。もともと、私たちは仏であると。ただ、泥を被っているから、見えなくなっているだけで、その泥を被ったまま仏である。「光り輝く仏」であることに、気づくのが大事だと。泥を払いのければ仏になるかといえば、そうではなくて、泥があることを気にしないで、泥を被ったままの仏であるということに気づくことが大事なんです。自分の現状をしっかりと肯定して認めること。それが人生に安心をもたらしてくれる大事な条件なのだと、教えていただいたように思います。

第二章

日日の掃除

ものを減らす

❶ 基本的に、ものを持たない

修行生活中の僧侶は、それぞれ与えられた小さな空間で寝起きをします。

禅僧は僧堂に並んだ畳の空間をひとり一枚分与えられ、坐禅も食事も睡眠も、すべてその空間で行います。浄土真宗の私も、僧侶としての勉強中、京都のお寺で集団生活を行いました。筆記用具や下着など必要最低限の道具以外は、一切持ち込み禁止です。

畳の相部屋で十名ほどが生活をともにし、夜明け前から起きてお経のお勤めや清掃など、決められた日課を黙々と行っていきます。雑念の生まれる隙はありません。

無一物中無尽蔵《むいちもつちゅうむじんぞう》という言葉があります。何ものも執着せず手放した境地に達すれば、限りない世界が広がってくるという仏教の「空」の教えです。

実は、ものを持たない生活はとても心地よいもの。ひじりとして知られる一遍上人は、遊行の旅に出た後、ものを持たずに死ぬまで旅を続け、一つの場所に定住することはありませんでした。ものを所有することにとらわれず、「無所有」の暮らしを通して、こころの自由を貫いたのです。

❷ 良いものしか周りに置かない

修行中の僧侶は、生活に必要なものしか持ちません。ものを持たない身軽で自由な生活を心がけていると、気がつくことがあります。それは、持ちものたちは、「良いもの」ばかりが手元に残るということです。素朴でありながら、機能性が高く、人の手によって手間暇かけて生み出された、こころのこもった価値ある逸品。そういったものが、最後に手元に残ります。

良いものに出合うと、ものを大事にすることの意味がわかります。そのものに込められた思いが、手を伝ってこころに訴えかけてくるからです。

ものを大事にするこころは、大事にしたいと思えるものに出合わないと育ちません。いつ壊してもいいと思えるようなものばかりに囲まれていれば、ものを大事にすることの意味は、わからないでしょう。

お子さんのいらっしゃるご家庭であれば、子どもたちのためにも、家の中はなるべくものを少なくし、限られた良いものだけを厳選したいものです。たとえば、小さい頃から漆の食器を大切に使うことを教わった子どもは、ものの質感に対する感覚が養われるでしょう。

買いものをするときには、一つ一つしっかりと吟味して、本当に必要なもの、自分がそのものと自然に気持ちよく暮らせるものだけを選ぶようにすると、掃除はとても楽になります。人の手のかかったものは、少し値が張るかもしれません。でも、良いものは長持ちします。

❸ 捨てるものはない

「ごみ」とは何でしょう。汚いもの、古くなったもの、使えないもの、役に立たないもの、いらなくなったもの……。

でも、どんなものでも初めからごみだったものはないはずです。それをごみにする人がいて、それをごみと見る人がいるから、ごみになったのです。

仏教では、いかなるものにも体《たい》はない、と考えます。つまり、そのもの自体に実体はない、ということです。「もったいない」という言葉も、もともとはそこからきています。

しかし、実体がないのであれば、どのようにしてそれは、「もの」としてそこにあるのでしょうか。

ものは、それに関わるあらゆるものが互いにつながり合い、互いの存在を支え合うことによって存在しています。それは人間も同じです。

あなたという人をあなたとして成り立たせているのは、他でもない、あなたを取り巻くすべての人やものなのです。だから、自分の役に立つからこれは大事なものだとか、使えるもの以外はごみだなんて、決められるものではありません。

あるとき蓮如《れんにょ》上人は、廊下に落ちている紙の切れ端を拾い上げ、「たった一枚の紙も仏さまより恵まれたもの、粗末にしてはならない」と押しいただかれたといいます。日本人の「もったいない」は、ものを無駄にしないだけでなく、ものに対して「ありがとう」と感謝するこころです。ものを大事にしない人は、人も大事にしません。

何でもいらなくなったらただのごみ。そういう親の姿を見て育つ子どもは、ものだけでなく友だちも同じ感覚で見てしまうようになります。どんなものにも、数えきれないほどの手間と、作った人のこころが込められています。掃除や片付けをするときも、ものをぞんざいに扱うことなく、感謝の気持ちを忘れないことが大切です。

しかし、「もったいない」からといって何でも押し入れにしまい込むのもいけません。少し歳を取ってしまったけれど、まだいのちあるもの。外に出ればまだ現役で活躍できる舞台があるのに、家の中にしまい込まれて忘れ去られ、日の目を見ないで一生を終える。

それではものがかわいそうです。

これまであなたのために働いてくれたことに感謝して、それを必要とする人のところへ、そのものが役割を与えられ輝けるところへ、気持ちよく送り出してあげましょう。目の前のものを、大切にしてください。

護美箱

片付ける

❶ ものの声を聞く

友人の僧侶が面白いことを言いました。「初めは、ただ言われた通りにものの置き場所を覚えて、整理整頓をきちっと守るだけだけど、それを繰り返していくうちに、だんだんものの声が聞こえるようになってくる。ものがどこにあるべきかが、ものに聞けば自然とわかるようになるんだ」

なるほどな、と思います。

ものの声を聞く――こころが粗雑な状態では、決してできないことです。ものを丁寧に使い込み、こころの耳を澄ませて初めて聞こえるようになるのです。

ものの声を聞く

❷ あるべきものをあるべきようにあるべき場所に置く

修行生活においては、必要な最低限のものしか持ちませんが、それらの限られた持ちものについても、すべて置き場所が決まっています。きちんと置き場所が決まっていれば、空間が散らかることがありません。

あるべきものが、あるべきところに、あるべきようにして、ある。当たり前のことのようですが、これが実際にかたちになっている空間は、そう出合えるものではありません。

使うときに出し、使い終わったら元の場所へ戻す。とても簡単なことのように思えますが、ただそれだけのことが、どうしてできないのでしょう。

それは、ものの扱いが粗雑になっているから。つまり、あなたのこころが粗雑になっているということです。

入門したばかりの修行僧たちは、先輩からもののあるべき場所を徹底的に教え込まれます。ほうき、ちりとり、バケツ、食器、すべてのものにあるべき場所が決まっています。自分の持ちものについてもそう。経本は机の上にどのように置くべきかまですべて決められていて、少しでもずれていれば先輩から厳しい声が飛んでくる。そのような作法をみなが身につける中で、あるべきものがあるべきところにあるという状態が常に保たれるのです。

❸ ものの本質を見抜く

あるべきものをあるべきように置くには、ものが収まるべきところ、つまり部屋という空間のことも、知り抜かなくてはなりません。毎日掃除を繰り返し、まるでその空間が自分の身体の一部であるかのように感じられて、やっと一人前です。

このように掃除を通して、ものや空間と向きあい、そのものとピタリと一体になる。それが、ものの本質を見抜くということでしょう。

ものの本質を見抜き、空間を知り抜いた先では、ものがどこに収まりたがっているか、自然にわかるものです。

汚れをとる

❶ こころの汚れをとる

日本人は昔から、掃除に単なる雑労働以上のものを見出してきました。日本の小中学校では生徒が全員で掃除をするのが当たり前ですが、海外では生徒が掃除をするということは、まずないと聞きます。これはおそらく、日本では掃除というものが「汚れを落とす」だけではなく、「こころの内面を磨く」ことにつながると考えられているためです。

お寺に行くと、境内がとてもきれいに整えられていることに気づくでしょう。

これはもちろんお客様をお迎えするためでもありますが、お寺に住み込みで修行する僧侶にとっては、掃除をすること自体が大事な仏道修行であるからです。あらゆる空間がきれいに片付けられ、美しく磨き上げられます。私も僧侶になるため京都のお寺で学んでいたときには、衣服の畳みかたや重ね順が少し違うだけでも、先輩に厳しく指導されたものです。

もし機会があれば、境内で掃除するお坊さんの姿を眺めてください。作務衣を着たお坊さんたちが、それぞれの持ち場で黙々と作業（作務）に励んでいることでしょう。みんな、生き生きとしたいい顔をしているはずです。

「面倒だし、なるべくならやりたくないから、何かのついでにさっさと終わらせてしまおう」。掃除はそういうものではありません。掃除とは、汚れるからするのではなく、こころを磨く「修行」なのです。

❷ ちりひとつない

「ちりひとつない」とは、どういう状態でしょうか。

自然でも、人が造ったものでも、本来はみな美しいものです。しかし、それを好ましいもの、好ましくないものに分別するのが、「私」のこころです。すべては、「私」のこころ次第であり、こころの反映です。したがって掃除とは、「私」と世界との動的な相互作用であり、本来はいかなるものも「ちりひとつない」秩序の中にあることを証し続ける営みでもあります。

秩序が見失われると、人心は乱れます。昔は、災害や国難が訪れると、神社やお寺を掃除するようにとの詔が出されたといいます。神さま、仏さまのいる場所が、本来あるべき姿ではない、つまり秩序が失われた状態であるため、災いが起きると考えられたのです。

話は大きく変わりますが、「エントロピー増大の法則」という物理法則があります。分子の動きなどの物理的な現象は、時間とともに「乱雑な」方向へ進むという法則です。たとえば、コーヒーにミルクを入れて放っておくと、最初はコーヒーとミルクの部分に分かれていますが、だんだんと境目がなくなり、最終的には完全に混ざった状態になります。

部屋も同じです。整理整頓をせずに生活をしていれば、部屋の中はものであふれ、乱雑な状態になります。掃除を物理法則にそのままあてはめることはできませんが、何か共通したものを感じます。分子のようなミクロの世界でも、私たちの暮らす社会でも、放っておくと乱雑になるのです。

「これもまた一つの秩序である」と達観して、乱雑な環境に安住できるなら、それも一つの生き方です。しかし、少なくとも私は、乱雑な環境に身を置くと、その無秩序が自分のこころに影響します。そのちりを除き、本来あるべき秩序を取り戻すのが、掃除という営みです。

磨く

❶ こころの曇りをとる

お寺の掃除において、床磨きは基本中の基本です。大勢の修行僧が作務を行うお寺では、三百六十五日、回廊掃除をやらない日はありません。

毎日、徹底的に磨き上げるため、回廊は常に美しく、建てられてから何百年も経つ寺の木の床は、黒黒としつつも表面は化石のようにきめが細かく、透明感すらあるものです。

よく手入れをされたお寺に行くと、どれほど中を歩き回っても、白足袋の底は真っ白なまま。決して汚れることがありません。そのように美しく保たれた床に、さらに磨きをかけるのが、僧侶の修行です。すでに汚れがないにもかかわらず、毎日拭き上げる。

拭き掃除によって、自分のこころを磨いているのです。

お寺で床磨きを毎日していると、それは仏さまへのご奉仕であり、わたしがこうして日々生かされていることへの感謝の表現であり、それがそのまま自分のこころの掃除になっていることがわかってきます。

ご家庭では、まずは汚れをとるのが先決かもしれませんが、いったんきれいになると、汚れのない床に磨きをかけることに、何の意味があるのだろうと思うかもしれません。

身体の中にほこりが溜まる、すなわちこころの中の気が乱れてくると、それがそのまま部屋の汚れとなって表れます。床磨きをしていて、もし汚れを見つけたら、それはあなたのこころの乱れの表れです。

続けることで、微妙な違いに気づけるようになってきます。無理のないペースで結構ですので、ぜひ長く続けることを心がけてください。

❷ 無心で、「今」に集中する

そんなふうに、こころの乱れを外部の環境に映し出して確認することができるようになると、反対に、環境を整えることでこころを修めるという作法も身につきます。言うまでもなく、家というのは掃除をせずに放っておけば必ずほこりが溜まってきます。落ち葉も、掃いたそばから舞い落ちてきます。掃除に終わりはないのです。

こころも同じです。きれいに磨き上げたと思った瞬間から、汚れが積もりはじめます。過去への執着や未来への不安で頭がいっぱいになり、「今」という瞬間からこころが離れてしまいます。

だからこそ、われわれは床磨きに全力を注ぎます。屋外の掃き掃除と比べて、屋内の床磨きは、より集中力の高まる瞑想のような効果をもたらしてくれます。

仏道には大きく二種類の瞑想があります。気づきを高めるのがヴィパッサナー系の瞑想で、集中力を高めるのがサマタ系の瞑想です。

屋外で自然のさまざまな変化を感じながら行う掃き掃除は、より気づきを高めてくれます。それに対して、外界から切り離された空間で床を見つめて黙々と行う拭き掃除は、より集中力を高めてくれるように思います。

ご家庭でも、こころを映す鏡を磨くような気持ちで集中して、床磨きをされてはいかがでしょうか。

名僧に掃除を訊ねる②

円覚寺の日々の修行
横田南嶺老師（円覚寺）

私は機会があれば、旅先のお寺でも掃除をさせてもらいます。お寺ごとに、いろいろな発見があります。昔から数えきれないほどの人がそこで祈り大切にしてきた聖地に触れ、また昔から受け継がれてきた目に見えない精神文化に触れることは、楽しみであり喜びです。

中でも鎌倉の円覚寺での作務体験は、とても幸せなものでした。円覚寺の横田南嶺老師は、若くして臨済宗円覚寺派の管長になられたお方で、そのお名前は円覚寺派のみならず臨済宗、そして広く仏教界に響き渡り、僧堂は、横田老師を慕って入門される修行僧でいっぱいです。

円覚寺に着いたとき、お出迎えくださったときの横田老師のお姿は、今も忘れません。修行僧のみなさんが作務衣で掃除をされていたのですが、なんと横田老師はその中に交じって、高い木に登って自ら葉っぱを剪定しておられたのです。馴染みすぎて、全く気づきませんでした。

聞けば、横田老師はいつも修行僧に率先して掃除をされる。高い木登りもされる。山内でものすごい風が吹いた朝、お客さまがいらっしゃる前に全部を掃除しないといけないというときも、一番に出て行かれるのは横田老師。修行僧の雲水さんたちはそれにせき立てられるように老師に負けじと出て行くのだとか。臨済宗円覚寺派という一宗派を担われるようなお立場の方が、掃除の前線に立たれているのを見るのは初めての経験でした。

「掃除を、こんなところでこんなふうにやろう、なんて考えたこと、ないですね。今も、これはたまたまやっているだけだと思っています。与えられた環境で生きようと思っているだけで」とおっしゃる姿は、まさに自然体、でいらっしゃいました。

その横田老師から私がお聞かせいただいた掃除や仏教のお話を、皆さんにもおすそ分けいたします。

修行ではなく、「幸せを伝える」

先日、料理研究家の栗生隆子さんとお会いしたおかげで、自分は修行していると長年勘違いしていたことに気づきました。これまでは、僧堂のみなと同じお粥を食べて、同じ時間に起きて、同じように坐禅をして、同じように掃除をして、苦労して修行していれば、きっと良きことがあると思っていました。

しかし本当は、最高の食事をして、最高の環境の中で、最高のものの中にいたのだということに、気がついたんです。自分は修行していたのではない。幸せなところで、幸せな思いをしていたのだと。「この幸せを伝えたい」、これが本当の布教ではないかとようやく気がつきました。

近頃、マインドフルネスなどのおかげで、これまで自分たちがやってきたことを外から見る機会を得るようになりました。そうして、ようやくわれわれは気がついたのです。これまでの坐禅が形式化しすぎて、ただのシステムになり、通過儀礼になってしまっていたことに。それでは坐禅の素晴らしさに目覚めることはありませんし、喜びや感動のないところからお話ししても、そりゃあ面白くないわけですよ。やっぱり、自分たちがやっていることが、本当にありがたい、素晴らしいことだっていう感激がなければ。

禅寺にはこんな素晴らしいお粥があるんだとか、禅寺ってこんな素晴らしい掃除をやっているんだとか、坐禅ってこんなに素晴らしい、だからみんなどうですか、ここはこんなに幸せな場所ですよ、というところに、自分自身が気づくことが大切だったんです。

臨済宗や曹洞宗などの禅宗では、僧侶が修行するお寺は「僧堂」と呼ばれています。宗派によって呼び方も期間もやり方も違いますが、どの仏教宗派にも僧侶同士で研鑽する学びの場が必ずあります。そこでは昔から伝わってきた方法にしたがって、僧侶たちは、先輩方の指導のもと、共に道を歩む時間を過ごします。中でも修行の厳しさで知られる臨済宗の僧侶の方々が体験する修行時代のご苦労は、想像もつかないほどです。

僧堂での修行を終えて自分のお寺へ帰ることを「山を下りる」と言いますが、山を下りられた多くの僧侶から、こんな言葉をよく聞きます。「修行しているときは、そこが厳しい場所で、お粥を食べて辛抱したと思っていたが、下りてみてわかるのは、僧堂はある意味、とても楽で幸せな場所だったということ。修行の環境がすべて整っていて、余計なことを考えることなく、自分の修行だけに専念することができていた。山を下りたら、そこからが本当の修行。娑婆で仏道を歩むことこそ、修行の本番だ」と。

横田老師のように誰もが認める禅の道を極められた方が、今また新しい視点を得て、これまでなされてきたことへの素朴な反省の言葉を口にされる。まさに禅というものが終わりなき探求であることを感じずにはいられません。そんな横田老師が、ご自身の掃除に取り組む姿勢が大きく変わった体験談を語ってくださいました。

ほどほどの効用

あるとき人から言われて思い出したんですが、私は中学や高校のとき、いつもみんなが登校する前に朝早く学校へ来て、廊下の拭き掃除をしていました。そういえば、そういうことをずっとやっていたのでした。

別に自慢話でも何でもないんですけれど、僧堂にいるときもそうでした。みんなが三時に起きるなら、三時よりも早く起きて、手洗いの掃除をする、そういう人間だったんです。でも、あるとき、師匠からそれとなく諭されたことがありました。「それでは人が寄りつかないぞ」と。

先代の管長のお供をして、電車に乗っていたときのことです。『荘子』を読んでいた管長は、パッとあるページを開いて「ここを読め」と私に渡しました。そこには、こんなお話が書いてありました。

老子のもとに、万事にとてもよく気がつく、大変きちっとした弟子がいた。老子がどこかへ行くと必ず、客が騒いでいれば客を退け、きれいに場を清めて、履物も全部そろえてきちっとする。もう、すべて完璧におもてなしをしていた。でも、それに対して、老子は「おまえはだめだ」と言う。「太白は汚れたるがごとし。本当にきれいなものは、汚れたるがごとしだ」と。それからというもの、それまではその弟子が来るとみんなが騒いでいてもピシャッと静かになっていたものが、老子の教えを受けてからは、その弟子がいても誰も気がつかないようになり、騒いだままになったと。この話を、管長は私に読めとおっしゃったのです。

私は深く考えさせられましてね。それ以来、過去の私を知っている人から「あなたずいぶん変わったね」と言われるくらい変わりました。以前はものも言わない人間でした。しゃべりかけられないような雰囲気で、私が行くとみんなシュンとしてしまう。近頃は、私がいたってみんな気がつかないですよ（笑）。

坐禅も掃除も、大事は大事なんですけど、何でも過ぎたるは及ばざるがごとしです。最近は、ちょっとくらいほこりがあっても、あれこれ言わないようになってきました。掃除をするにしても、もう別段、これをきれいにしようとかとは思わないですね。「自分はこんなにやっているんだ」というふうに思い込んで、苦行になってしまってはいけません。ちょっとぼやっとしているくらいのほうがいい。かつては、掃除でも坐禅でも、自分が雲水たちに先んじて率先垂範してこの後ろ姿で導くんだ、と思っていましたが、今はそんなことは全然思わなくて。運動の一環ぐらい。道楽ですね（笑）。

私はこのお話が本当に好きで、「掃除を頑張ろう」と少し気合が入りすぎているような方に、よくお話ししています。掃除を頑張るのはよいけれど、あまりにも力を入れて頑張りすぎると、それは苦行になってしまい、一緒にやる仲間も寄りつかなくなってしまいます。「道楽」という言葉はもともと、仏道を求めるという意味であり、そこから仏道を修めて得られる喜びを表すようになったそうです。ぜひ楽しみながら取り組んでみましょう。

変えるべき「伝統」もある

こんなふうに、私は自然と変わってきました。そこには、いろいろな人との出会い、特に他宗の人との出会いの影響が大きかったと思います。いつの間にか少しずつ、そんなにぎゃあぎゃあ言わなくてもいいやと思うようになりました。

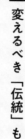

僧堂の掃除では、障子の桟にわざと何か置いておくようなことがあります。そして、雲水たちが掃除をしたあとで、それが残っているかどうかを確かめる。きちっと掃除をやったかどうか、試すんです。

そういうことが続くと、人間は、後の人にも同じ思いをさせようという人と、後の人には同じ思いをさせたくないという人と、二種類に分かれます。私は後者、もう後の人にそんな思いはさせたくないと思いました。掃除が窮屈なものになっている感じがあるからです。せっかくの掃除の「行」なのに、掃除という形式的なものになってしまう。それが行き過ぎると、今の社会で言えば「いじめ」になってしまいます。

だから、私は今の雲水たちに「今までやってきた修行をそのまま続けたらどうなるのか」と、いつも問題提起をします。今までのやり方で、お寺がうまくいっていて、多くの僧侶たちが信頼されて皆に喜ばれているのであれば、同じことをやっていればいいだろう。しかし、ご覧なさい。なぜ、お寺離れだ何だと、深刻なことを考えなければならなくなっているのか。

同じことをやっていたら、同じものしか生まれない、今やっていることはどこかおかしいのではないかと思って修行をしろと、いつも言っているのです。

コピーのコピーを繰り返して行くと、原本が見えなくなってしまいます。原本がどんなものだったか知りたければ、やはり、優れた一級の人たちの話を聞いて、そこから原点を措定していくしかないわけですよね。

掃除も、やらされるばかりで、そのうえ叱られてばかりでは、うまくいきません。確かに禅というものには、どん底から這い上がれという教えがあります。でも、今の若い人は、そんなことばかり言われたら、もうやる気が起きなくなりますから。せめて三ヶ月くらいで大事なことに気がつくような、そんな修行方法はないかなと考えるんです。今の時代、三十年経ってようやくわかるなんて言ってたら、もう誰もついて来ないですよ。

型を身につけることは大切ですが、だからと言って、今まで通りの型をただそのまま続けていけばいいというものでもない。そのまま受け継いでいると思っても「コピーのコピー」のように劣化してしまうものもありますし、時代環境に合わせて変えるべき物事は常にある。後の人たちのことを思って、何を守るべきか、何を変えるべきか——横田老師は常に「今」を考え続けていらっしゃるのです。

仏教の考え方に「中道」というものがあります。いたずらに苦しい方向へ進むのでもなく、かといって快楽主義に走るのでもなく、極端に寄らず真ん中の道を行きましょうということです。お釈迦さま自身が、二十九歳で出家して、六年間の厳しい苦行を経た後に、苦行を捨てて悟りを開かれました。極端な方向に偏っていたときには悟れなかったものが、中道に身を置くことで悟ることができたといいます。

中道と聞くと、「仏教って、はっきりしないな。ずいぶんと生温い考え方をするんだな」と感じられるかもしれません。「極端を避けて、真ん中を行け」ですから。私も仏教を学び始めた頃は、そう思いました。ありふれた道徳の説教ではなくて、何かもっと尖った考え方が仏教にはあるのではないかと期待していた私には、この「真ん中の道を行け」という考え方が、最初ピンときませんでした。

しかし、もう少し仏教を知り、もう少し人生の迷いを重ねるようになると、だんだんと中道の大切さを理解できるようになっていきました。「極端な道」は、自分の頭の中で整理がつきやすいし、他人にもわかりやすく、格好良く聞こえるのですが、それは「安易な道」でもあります。「これだ」と決めてしまえば、そのときは気持ちが楽になるかもしれませんが、現実は常に揺れ動き変化しているので、決めた瞬間から必ずずれ始めるのです。

「真ん中の道を行く」というと、一見簡単そうですが、実際はとても難しい。

たとえば、始点と終点が決まっているなら、その中間地点を指差すのは簡単かもしれませんが、しかし、現実には私たちは「果てがない」と言われる宇宙の中で、「中心のない」世界地図の上を生きています。刻々と変化する社会という多面体の真ん中は、常に揺れ動き、はっきりと指し示すことはできません。中道を歩むことは、終わりのない旅でもあるのです。

「ここにある」に気づく

目黒にある天台宗の円融寺に、阿《おか》純章さんという住職がいらっしゃいます。阿さんは幼稚園の園長先生もしていらっしゃって、子どもとの交流のお話をよくしてくださいます。

あるとき、阿さんが園児に、お釈迦さまが亡くなったときのお話をしたんだそうです。そうしたら、一人の園児が泣いて泣いて。いっときのことかと思ったら、新学期が始まってもことあるごとに泣いていたんだそうですね。阿さんがその子に「どうしたの?」って聞いたら、「お釈迦さまがいなくなった」と言う。それで、阿さんが「何、言ってるの、ここにいるじゃない」って、その子の頭をポンポンと撫でてやったら、「ああ、そうか」と言って、笑って走っていったというお話です。

いいお話でしょう。禅の目覚めというのは、こういうものなんです。

坐禅をしたから悟るとか、何か苦行をしたから悟るのじゃなくて、「ああ、ここにあったんだ」という、こういう目覚めなんです。

われわれの宗祖臨済は、黄檗《おうばく》に参じて、棒でひっぱたかれて気がついたことになっています。しかし、それは根性を入れたとか、気合を入れたっていうことじゃないんです。臨済自身も、自分が叩かれたのは、まるで親から頭を撫でてもらっているようなものであったとたとえています。阿さんが子どもに「ここにいるじゃない」と言ったのと同じです。仏法とはいかなるものですかと聞かれて、黄檗が臨済を叩いたっていうのは、「仏法を外に探す必要はない。ここにあるじゃないの」と教えてくれた、それだけのことです。だから、厳しく叩けば悟るという話ではないんです。

円覚寺の日々の修行
横田南嶺老師（円覚寺）

掃除もそうです。厳しく苦行のようにやるのは、違いますよね。最近流行りの断捨離なんかも、あまり徹底せずに、ほどほどにしたほうがいい（笑）。本当に純粋に「ああ、きれいにしてうれしいね」とか、「みんなで一緒にやろうね」っていうような、自然な気持ちでやるのがいいですね。やっぱり喜びや感動がなければ、何事も続かないと思いますから。どういうふうにすればそうなるのか、今も試行錯誤です。

私もそうですが、人はどこか自分の外にわかりやすい答えを求めます。極端な道を求め、見つからなければますます極端な道に走ってしまいがちです。でも、肩の力を抜いて、ちょっと立ち止まってみたら、「ほら、ここにあるじゃないの」という声が聞こえてくる。仏教にはさまざまな道がありますが、この「ほら、ここにあるじゃないの」というメッセージは共通しています。日常生活にある掃除の習慣から、どんな声を受け取れるか、考えてみてください。

妙観察智《みょうかんさっち》というのがあります。われわれは、きちっと禅定《ぜんじょう》に入っていればこの妙観察智が働いて、素晴らしい観察ができて何をすべきかわかるということです。しかし、集中しすぎると、それがうまく機能しないこともあるんじゃないでしょうか。掃除でも何でも、そのことに集中しすぎると、かえって隣にごみがあっても見えません。雲水たちは一途に掃除をしているんですが、見落としがあるんですよ。ひとつの所しか見えない。

私なんかは、この頃は放心状態で輪をかけてぼやっとして生きているもんですから、落ちているごみなんかには、ぱっと気がつくんですね。「ぼや」の効果です（笑）。集中しない。くたびれちゃって、放心状態で生きてるんです。

「集中」と「放心」

「集中」と「放心」です。掃除はやっぱりその両方が養われるんじゃないですか。ピカピカに完璧にするばかりじゃなく、もうそろそろこの辺で切り上げようとか、そういう智慧が働いてないといけないんじゃないでしょうか。

集中力を高める観察の瞑想も、ほどほどにやればいいと思います。マインドフルネスなど、確かに散乱している心を集中させるのにはいいでしょうけれど、人間というのはとらわれたがるところがありますから、あまり一生懸命やってしまって、それに執着するようになると、これまた窮屈になっちゃう。坐禅のときの呼吸法について、いろいろ聞いてくる人がときどきいるので、私は言うんです、「呼吸法の極意が知りたい？じゃあ私が授けてあげましょう。いいですか、呼吸というのはね、窒息しなきゃいいんですよ」って（笑）。

仏教哲学を学んできた私の根幹は、般若思想なんです。般若思想というのは、無所住、無執着、もうこれに尽きます。どこにもとどまってはいけないという。これにとどまってはいけない、これにとどまってはいけない、永遠に。ですから、こんなふうにひとつのお寺にとどまっていてはダメで、本当は放浪しなければいけない。とどまるところを持たないっていうのが般若思想の究極ですから。いつでもそう思っています。

円覚寺の広い境内を歩いて案内してくださっている最中、横田老師がふっとかがんで何かを拾い、またすぐにヒョイッと体を戻されました。「ひとつ拾えばひとつきれいになる、ですからね。お金でも落ちてると思った？」と冗談を言いながら、その手にはチリ紙が。私はまったく気がつかなかったのですが、老師には落ちているごみが視界に入っていたのです。

あまり集中しすぎないほうが、物事を観察する力が働くのではないかというお話は、私たちの日常で経験する感覚とも重なるところがあるのではないでしょうか。たとえば、星空を見上げたとき、かすかに見えるか見えないかくらいのぼんやりとした小さな星は、一点に集中しているときには目に入ってきませんが、全体をぼんやり眺めるようにすると見えてきたりします。また、電車やバスの車窓から見える景色も、あまり意識を集中せずにぼんやりと視線を向けていたときのほうが、何かに気づきやすかったりします。

お寺の朝の掃除に集う人には、いろんなタイプの方がいらっしゃいます。集中してひとり黙々と掃除に励む人もいれば、親しい仲間とわいわいおしゃべりしながら掃除をする人もいます。どちらが正しい、ということは特にありません。集中してもよし、ぼんやりしてもよし。同じ人でもその日の気分や状態によって、「今日は集中してやろう」ということもあれば、「今日はリラックスしてやろう」ということもあるでしょう。取り組み方を変えることで、同じお寺でも見える景色が変わってきますし、自分のこころの中に発見も生まれます。

「掃いても掃いても終わりがない」のが掃除のいいところです。お寺の掃除というと、完璧主義っぽいイメージがあるかもしれませんが、実際にはちりひとつ残さないなどあり得ないことを、掃除が自ずと教えてくれます。「ちょうどいい加減」を自分で見つけて、「とりあえず」の区切りを自分でつける。掃除は、完璧主義の修行というよりも、脱・完璧主義の練習だと思います。

変化を楽しむ

僧堂の雲水たちは、二年から三年、長い人は五年、十年、あるいはそれ以上、修行したのち、全国各地のお寺へ帰っていきます。この間、彼らは如実に変わっていきます。ただ、その変わり方は、早く見える場合と、ゆっくり見える場合、ずっとあとから見える場合と、さまざまです。中には一見、全然変わらないじゃないかという人もいますが、それはさらにその先に変わっていくまでの過程にあるんだと私は思っています。いずれ、必ず、変わっていきます。

たとえば、今まで乱れた生活をしていた者が、急にこういう僧堂の生活をすれば、それはぱっと変わるでしょう。劇的に効果が得られます。でも、しばらくすると、変わる幅が小さくなっていきます。僧堂に馴染んでくれば、そこから劇的には変わりようがありません。そうすると、変わらないということで悩んでしまうんです。しかし、何かしらの変化は絶対に起こっています。変わっていることに、どうやって気がつくかという問題でしょうな。

人間は変化を恐れるものとも言われますが、どうなんでしょうか。本当は、変化が楽しいんじゃないでしょうか。少なくとも、私は変化を楽しむ人間です。常に揺れ動く中で、その揺れを楽しみ、変化を楽しむ。だから、ささいな違いにささいな喜びを感じていく。人間は、楽しくないと、続かないと思います。掃除をすると毎日何かの変化があるので、それが楽しくて続けられているんでしょうね。

でも、微妙な変化は、坐禅のときに一番感じます。毎日楽しい発見があります。一本道と言いながら、完全な中道というのは人間には不可能です。常に両方にブレながら行くしかないというのが、私の最近の結論です。ですから、「集中」か「ぼや」か、「慈悲」か「智慧」かというのも、常にあちらこちらに揺れながらでしかないと思うんです。

このことは、バランスボードに教わりました。バランスボードには、常に中心だというものはないんです。中心だと思ったら違う、ズレているんです。永遠にバランスをとり続けることしかない。毎日乗っかって楽しんでいますよ。この頃、ようやく静止するようになりました。

バランスボードは、スポーツジムなどにあるトレーニング用品です。それに乗ってバランスをとることで体幹を鍛える効果があると言われています。私も乗ってみたことがありますが、数秒と安定して乗っていることはできませんでした。常に新しいものも取り入れながら、禅を実践されている横田老師らしいお話です。

お寺には、人生に悩み、生きる意味を問い、生きる道を求めて来られる方がいらっしゃいます。そういう方のことを、求道者とも呼びます。求道者には、道を求めるがゆえに「今後の人生で決して揺らぐことのない、確固たる自分の軸が欲しい」という思いが強い方も少なくありません。かつて私がそうだったように、何かを掴みたい、確かなものを得たい、そんな思いが強い人にとっては、「バランスをとって中道で行きましょう」というメッセージは、なんとも物足りなく感じられることもあるかもしれません。

意味を求めず、やってみる

そういう人に対しては、あえてそれに乗るんです。「良いことがありますよ」と言って。「もうちょっと行ったら、もうちょっと良いことがありますよ」と言って。そして、どんどん行って、落とし穴に落とす。臨済禅の公案というのは、そういうものでしょうね（笑）。

効能を説くのは禅ではない、なんていう向きもありますが、そんな難しいこと言わなくても、「坐禅したら良いことありますよ、体も健康になるし、毎日楽しゅうございます」と言って、それでやることになったとしたら、それでいいんじゃないでしょうか。楽しもうが何しようが、結局は仏さまの手のひらの上ですし、夢から覚めてみれば蓮の上ですし。そんなに最初から「無功徳」だなんて突き放さなくても、楽しんでやればいいんじゃないかと私は思います。

現代の私たちは「何者かになりたい」「何かを掴みたい、手に入れたい」という目的思考にすっかり慣れてしまっているので、「何もないよ」と言われると、拍子抜けしてしまいます。やった先に何もないなら、なぜしなければならないのかと。

しかし、考えてみれば、「何者かになりたい」「何かを手に入れたい」という目的を持つことは、同時に「今の私には足りないものがある」「今の私は不完全な存在である」と、自分で自分に呪いをかけているようなものかもしれません。ああしたい、こうしたい、あれが欲しい、これが欲しいと、再現なく求め続ける心そのものが苦を生んでいることを、仏教は教えてくれているのです。

私は最近、ウポーサタ、日本語では布薩《ふさつ》、これをやりだしたんですよ。ブッダの時代は、満月の晩と新月のときに必ずウポーサタという戒を読み上げて、懺悔をするという習慣がありました。禅に欠落しているのは、懺悔です。懺悔文は葬式のときぐらいしか読まない。あまり懺悔や反省をしないのは、よくありません。どうしても傲慢になってしまいます。

戒というのは、懺悔のためにあると言っていいでしょう。戒を意識するから反省する、懺悔するわけですから。これは、ヴィパッサナー瞑想の呼吸と同じです。呼吸から意識が逸れるのは悪いことではない、逸れたことに気づいて戻ることが大切だとされますが、戒も同じです。戒から逸れること、これはしょうがない。逸れてしまったことに気づいて、もう一度立ち戻ることが大切なのです。戒があるから歯止めが利くし、抑制が利くのです。

そもそも「戒め」というのが誤訳なんですよ。本当は「習慣」なんです。「習慣」とか「躾け」とか、あるいは「人柄」という訳し方もあります。要するに、「良き習慣を身につける」というのが、戒のもともとの趣旨ですね。

ある老師がこの布薩をされているというのを耳にしまして、そのお寺に行って教わってきました。円覚寺では、月に二回、一時間かけて礼拝をしながら、戒を一つ一つ読んで勤めます。そして、戒も棒読みではいけませんので、たとえば私が「第一、不殺生戒」と言うと、みんなで「すべてのものを慈しみ、育み、育てる」というふうに、現代語の意訳を言うようにしています。他にも、「人のものを奪わない」とか、「不都合なるを耐え忍び、怒りを顕わにせず」とか、「すべてのものは変化する理を知り、こころを正しく調えん」とか、そういう言葉をみんなで唱和するんです。

布薩で何が変わったかといえば、別段、目に見えて変わったことはない。こういうのは、もともと、じわじわ効くものなのです。ですから、やっていることに意味がないということは決してありません。

掃除は、「集中力」や「放心」の向上にも役立ちますが、私は掃除の真価は「習慣力」を高めてくれることだと思います。光明寺のテンプルモーニングも月に二回ペースで開催していますが、参加者の方からは「これに参加することで、生活のペースが整います」という声が聞こえてきます。継続することで、少しずつ心が整っていくのです。

戒というと「僧侶が守らなければならない規則」というイメージがあるかもし

れませんが、戒は基本的に自分のために守るものであって、他人を裁くためのものではありません。タイで出家された僧侶、プラユキ・ナラテボーさんは「戒を守るというよりも、戒に守られるんです」とおっしゃいます。私も確かに、そう思います。

浄土真宗では「戒のひとつも守れない我が身の愚かさ」を徹底的に見つめます。戒を守るどころか、ちょっとしたきっかけで何をしでかすかわからないのが、この我が身の現実です。だからこそ、決して守れない戒を守るように心がけることで、多少なりとも「戒に守られる」意味があるのではないでしょうか。

もちろん、案の定、戒を決して完璧に守れることなどなく、「またやってしまった」の繰り返しです。それでも、開き直ることをせずに、少しずつでも心がけることによって、習慣の力が働き始めます。

少しずつでもいいから、日常の中でより良い習慣を身につけていきたいものです。

第三章

掃除が教えてくれる人生で大切なこと

ありのままに感じる

朝、お寺で掃除を始める前に、お経を読みます。自分で声を発するとともに、周りの人たちのお経も聞きながらこころを鎮めます。その後、お焼香をします。お焼香の香りも私たちの気持ちを落ち着ける作用があります。

境内に出て、掃き掃除をしていると、周囲からさまざまな刺激を受けます。風の音、土の匂い、雑巾の冷たさ、枯れ葉の模様、季節の移り変わり……そして、掃除が終わったらお茶を味わい、一息つきます。

このように、掃き掃除をすると、五感を総動員することになります。五感の刺激とは、まさに今感じているもの。つまり、「今、ここ」に気づくために必要な環境が、境内の掃き掃除には整っています。

自分は人より優れている、を捨てる

平日、朝早くからお寺で行う掃除の会には、向上心のある方や、何か変化のきっかけを求めている方など、さまざまな目的を持つ人が集まります。初めて参加する人は、緊張とともに新鮮な気持ちで掃除してくださいます。会社勤めをされていて出社前に参加される方も多いので、職場での自己の向上を目指している方も少なくありません。

そういう方は普段から厳しい競争にさらされているためか、人より多く落ち葉を集めよう、人より多くの場所を磨こう、という意識が出てしまうこともあるようです。がんばってくださるのは良いのですが、この姿勢は仏道における掃除の精神とは異なります。自分は掃除が「上手い」人だとアピールする気持ちが表れています。

確かに、ビジネスには競争がつきものです。「他社より売り上げを上げる」「同期の中でトップの受注成績を出す」など、敵に勝つという考え方が求められます。しかし、掃除にまでその思考を持ち込んでは、せっかくのお寺の掃除がもったいない。

掃除には「敵」も「目的」もありません。自分自身の「今、ここ」に集中し、日々の仕事でクセになってしまった競争心や虚栄心は、落ち葉とともに掃き捨てること。それもまた、掃除という良き習慣がもたらしてくれる効果です。

良い悪いの価値判断を捨てる

人は、嫌なもの、不快なものから離れようとします。なぜなら、それらに近づくと苦が生まれるからです。これは、直感的に理解できるでしょう。しかし、自分にとって良いもの、好ましいものも、本質的には同じように苦を生み出します。いったい、どういうことでしょうか。

たとえば、とてもお気に入りのマグカップを持っているとします。もし、このマグカップが壊れたり、なくなったりしてしまうと、悲しみが生まれます。幸い、壊れることがなくとも「これがなければだめなんだ」という強い執着が潜在的に湧いています。こころに常に引っかかりがある状態です。

このように考えると、良いもの、好ましいものも、それに囚われる限り、苦を生みだすものになるのです。

私たちは価値判断のモノサシを持っています。それは、個人的なものから社会的なものまでさまざまで、場面によって使い分けています。このモノサシを当てることによって、ものごとの良い悪いを決めているのです。

しかし、このモノサシにしばられて生きていると、良い悪いという判断にとらわれて、ものごとをそのままに受け止めることができなくなってしまいます。


このモノサシを手放すには、頭で考えてばかりでは、かえって袋小路にはまってしまいがちです。動いてみるのが最適の方法です。掃除は単純な動作で成り立っています。ほうきで掃いたり、雑巾で磨いたりと、一定のペースで進みます。その動作そのものは複雑ではありませんので、何かにとらわれてしまうようなことにはなりません。そして、一つ一つの動作に気づきながら行うことができます。

このようにして、掃除は、日常生活の中にある、あまりにも当たり前になってしまっているモノサシを自覚的に見直す時間ともなることでしょう。

目的思考から離れる

誰しも、こうありたいとか、これが欲しいとか、こうなりたいと、目指すものを持っています。夢、希望、目的、ゴール、……どんな表現であれ、要するに、「いまだ得ていない何かを得たい、思いどおりにしたい」という思いです。仏教では、それを苦と見ていきます。苦とは、思い通りにならないことです。

そして、そのような苦から離れていくことが仏教の説くところである「抜苦与楽」――苦を抜いて楽を与えることです。

それも、他者を差し置いて自己中心的になすのではなく、そしてまた自分のことを疎かになすのでもなく、自分と他者と両方において行う「自他の抜苦与楽」を意識することが大切です。

目的を持つこと、「私の夢はこれです」と口にすることは、一見とてもポジティブなことに見えますが、実は、私にはいまだ達成をしていないものがあるということを宣言しているような側面もあります。

言い換えると、私は不完全な存在である、私には何か欠けているものがあると、自分で自分に自己否定の言葉を聞かせてしまっている部分もあるのです。その結果、苦が強化されてしまうこともあるので、注意しましょう。

いえ、夢や目的を持つことは素晴らしいことですし、放っておいても夢や目的が湧いてくるのは人として自然なことなので、否定する必要はありません。要は、あまりその目的にとらわれすぎないことです。

その点で、掃除は「きれいにする」という目的がはっきりしているようであり、どこまでいっても終わりのない営みであり、なおかつ身体性を伴うおかげで未来や過去ではなく、今ここに集中させてくれるので、強すぎる目的思考から私たちを救い出してくれる効果があります。

掃いても掃いても……「これでいいのだ」を知る

「これでいいのだ」――漫画『天才バカボン』に出てくるバカボンのパパのお決まりのセリフです。実は、この「これでいいのだ」は、掃除において、とても大切な考え方です。掃除には終わりがないからです。

落ち葉は、掃いても掃いても落ちてきます。掃こうと思えばどこまでても掃けるのですが、一日中、掃除だけをしているわけにはいきません。どこかで、「これでいいのだ」と自分なりに区切りをつける必要があります。

私の主催しているテンプルモーニングでは、時間で掃除の終わりを決めています。終わりを告げると、「あそこまでやろうと思っていたのに時間になっちゃった……」と不完全燃焼を感じる人も少なくありません。

でも、不完全燃焼のままで終えることに慣れる経験は、とても大事な人生の練習だと思います。これがうまくできないと、完璧主義に陥り、何もかも完璧にこなさないと満足できない人間になってしまいます。

掃除も含めて、あらゆるものごとに完璧はありません。完璧主義になると、理想と現実が大きくずれて、ちょっとしたことで燃え尽きてしまう危険が高まります。そうなると、生きづらさが増すでしょう。

掃除を行うことで「これでいいのだ」と区切りをつける練習になります。完璧を目指すのではなく、自分なりの基準をつくることで、「これでいいのだ」という満足した生き方ができるのです。

思い通りにならないことを知る

掃除は、思い通りにならないことの連続です。

梅雨の時期はカビの対策をしなければいけませんが、季節や天気に文句を言ってもしかたがありません。雑草や害虫は知らず知らずのうちに増えていきますが、彼らの活動をコントロールすることはできません。

たとえ、自分にとって好ましくない状況がおとずれても、こころを乱さずに現実に向き合う必要があります。

自然環境だけでなく、人間関係も思い通りになりません。

お寺の掃除には、大企業の会社員から大学生までさまざまな人たちが集まります。そこでは、ふだん慣れ親しんだコミュニケーションは通用しません。自分を気にかけてくれる部下や友達はいないのです。思い通りにならない人間関係に抵抗するのではなく、周囲に合わせて順応しなければなりません。

お釈迦さまは、人間の苦の種類を、四苦八苦で表現しました。生老病死の四苦に加えて、愛別離苦《あいべつりく》、怨憎会苦《おんぞうえく》、求不得苦《ぐふとくく》、五蘊盛苦《ごうんじょうく》です。このうち、愛別離苦と怨憎会苦、つまり愛する者と別離すること、怨み憎んでいる者に会わねばならないことという、人間関係に関するものが二つも入っているのは、示唆深さを感じます。

私たちの世界は、「思い通りにならないこと」ばかりです。

思えば我が人生、思い通りにならないことばかりであったと、掃除をしながら知らされることがたくさんあります。

周囲と調和する

修行というと、「ひとりで黙々と行うもの」と思われるかもしれませんが、実際には、お寺の掃除はチームワークです。今、他の人がどこを拭いているかなど、周りへの目配りが欠かせません。全体を把握したうえで、自分が果たすべき役割を考えて、効率よく手分けしたり、他の人の仕事を補助したりなど、自発的に動いていきます。

また、掃除には「上から下へ」という原則があるので、作業の見通しや手順にも注意します。仲間があちらをやっていたら、自分はこの辺から始めようとか、全体を見通したうえで自分の役割をつくっていくのです。

修行道場においては、個人の気の緩みひとつで問題が生じ、集団に責任が及びます。板間に長時間、チーム全員で合掌正座を命ぜられることもあります。人に迷惑をかけられないから余計にきちんとやる。私という存在は自分ひとりのものではないということを肌で学ぶ機会となっているのです。掃除もまた、同じです。

人間関係を掃除する

社会人の社交の場では、初対面でたいてい名刺を交換します。そこで相手の肩書や地位を判断して、お互いの関係性が決まってきます。

お寺の催しにはさまざまな人が参加します。掃除に集う人も多様です。毎回顔ぶれが異なるので、初対面という方々も少なくありません。しかし、その場で名刺を交換するようなことはありません。軽くあいさつを交わすか、掃除をしながら世間話をする程度です。

緩やかなつながりではありますが、お互いを尊重し、掃除という活動を共有する一体感があります。名前や肩書きを必要としない関係性は、現代社会では案外貴重です。

社会人になると、どうしても肩書や地位に縛られた人間関係になってしまいます。しかし、ご本尊の前においては、誰もが平等です。お寺の掃除の場では、肩書で生きる日常生活から解放され、ありのままの自分自身で振る舞うことができます。

それはお寺で仲間と掃除をするときの、大きな喜びの一つです。

何者にも依存しない

「はじめに」でも書いたように、前作『お坊さんが教えるこころが整う掃除の本』の英語版が発売になったとき、英国の新聞記者さんから、「我々の国では、掃除を人に頼むのが当たり前だけれども、それをどう思いますか？」と聞かれました。そこで、私は答えました。「あなたは自分の坐禅を誰かに代わってもらうことはありませんよね」と。

掃除は、坐禅と同じ修行です。修行だから、人に代わってもらうことはできません。

単なる作業なら、誰か他の人や、ロボットにやってもらってもいいでしょう。けれども、それを修行としてとらえると、全然違ってきます。誰かに代わりにやってもらうことはできないのです。

あらゆるものが人工知能のロボットにとって代わられるのではないかと、多くの人が恐れています。確かに、作業であれば代わってもらうことができるかもしれません。しかし、掃除はどうでしょう。

掃除は私に、「誰にも代わってもらうことのできないことを、あなたは日々の生活の中で行っていますか？　そのような人生を生きていますか？」と問いかけてくれているような気がします。

何者にも依存しないというのは、どういうことか。掃除があなたに問いかけています。

褒められても動じないこころを養う

「無償でお寺の掃除を手伝うなんて偉い！」

テンプルモーニングに参加する方々は、周りの人からこのように褒められることがよくあるそうです。褒められることは、とても気持ちがよいものです。しかし、この「褒められる」ことには注意が必要です。

褒められることが続くと、もっと褒められたい、あの人にも褒められたいと「褒められる」ことが目的になってしまいます。いったん褒められることが目的になると、自分をよく見せるために掃除をするようになってしまいます。そうすると今度は、褒められなくなったら掃除をやめてしまうかもしれません。

何度も申しますが、掃除は習慣づくりです。褒められても褒められなくても、するものであり、続けるものです。

褒めてくれた相手の気持ちを素直に受けとることは大切です。しかし、それに動じず、おごらず、掃除そのものに向き合いましょう。掃除は、このようなこころの訓練にもつながるのです。

頭でっかちにならない

私たちの多くは、思考で生きています。頭の中で勝手に問題を作って、ああでもないこうでもないと、ひたすら答えばかり求めています。とかく人間は、すっきりしたい生き物です。納得できそうな答えを見つけては、ひととき溜飲を下げます。でもやっぱり違うといって、繰り返し、頭の中で独り相撲をしているのです。

一度、山伏の星野文鉱先達にお話をうかがったことがあります。山伏とは、白装束をまとい、ホラ貝などを吹き、山の中で修行する人々のことです。その星野先達がおっしゃるには、野山をかけ回って修行していれば、全ては自然が教えてくれる。現代人はみんな、とにかく頭でっかちで答えばっかり求めている。正解は何だ、答えは何だ、そればっかり。しかし、答えなんかないんだよと、自然が教えてくれる。山伏の方は、何が起きても、それがどんな理不尽なことであっても、その意味を考えるのではなく「受けたもう」という精神で、すべてを受け入れるのだと。そんなお話を聞かせていただきました。

山伏のように山にこもって修行することは、私たちには難しいでしょう。そこで、掃除なのです。答えを求める頭でっかちな考えは捨て、「受けたもう」の精神で掃除に臨むのです。学校や会社で頭でっかちになって疲れてしまったこころも、掃除をすることで安らげることができるでしょう。

こころのクセを掃除し続ける

掃いても掃いてもこころに積もってくるもの。それがこころのクセであり、言い換えるならば「煩悩」です。掃除を通して、このこころのクセと向き合うことができます。

掃除のやり方は十人十色。同じ掃き掃除でも、人によってスピードが違ったり、掃き始める場所が違ったりします。これはこころのクセが大きく影響しています。なぜそのようなクセができたのか、普段考えが及ばないことにも、掃除は向き合うことができるのです。

こころのクセを持つことが悪いということではありません。「ああそうか、今までそれにずいぶんとらわれてきたけれども、そうじゃなかった」とひとつ気がつくだけで、ちょっとこころが軽くなります。それが掃除のひとつの効果です。

けれども、こころが少しきれいになったような気になったその瞬間から、また別のこころのクセが湧いてきます。人がこれまで強烈にこころに抱えてきたものが、そんなに簡単に、変わったり掃除できたりするものではありません。そうか！と気づいた瞬間に、全てが一掃をされて、生まれ変わったように行動が変わるかというと、そんなことはなくて、こころのクセはずっと残ります。変わるのには時間がかかるのです。

車が急には止まれないのと同じです。ずっとスピードを上げて走ってきて、あ、危ない！　とブレーキを踏めば、その瞬間に止まれるかといったら、そうはいきません。生きている間に止まれるかどうかすらわかりません。そういうものです。

こころのクセが強烈なものであるほど、変わっていくにも時間がかかります。でも、強烈なものをかかえているのもまた、その人の個性ですから、否定しなくても良いのです。重要なのは、掃いても掃いてもまた生まれてくる、よせばいいのにまたしがみついてしまう、またやってしまっているな、ということに、人生のどこかで気づくことができるかどうか、です。

やってしまっていることに気づいている、というのと、まったく気づかず、すっかり没入してもがいているのとでは、同じこころのクセがあったとしても、人生はまったく違うものとなってくるのではないかと思います。

時間がかかった分だけ、その変化は確かなものになります。そう信じて、腰を据えて気長にじっくり取り組みましょう。

名僧に掃除を訊ねる③

掃除の身体性

藤田一照老師（曹洞宗）

お寺の世界では伝統的に、掃除をはじめ、薪割りや草取りなど、修行環境を整えるために必要な仕事を「作務《さむ》」と呼んできました。旅館の部屋着としてもお馴染みの作務衣は、もともと僧侶の作務のために動きやすく作られたものです。

僧堂では、たくさんの僧侶が長い廊下や階段を、みんなでわーっとダイナミックに掃除します。日本の公立学校で小中学生時代を過ごした人なら、仲間と大勢で掃除するのは慣れているかもしれませんが、大人が皆でひとつの場所を掃除するというのも、なかなか爽快なものです。

仏教はもともと、お釈迦様の生まれたインドが発祥です。インドでは、カースト制度によって職業が特定のグループに固定化されていましたし、出家者たる僧侶は「一切の生産活動から離れる」ことを旨としていましたから、労働の一種である「掃除」という活動をしませんでした。

世界にはたくさんの仏教宗派がありますが、中でも特に厳密な宗派になると、聖なる出家の世界と俗なる在家の世界をはっきりと分けますので、聖なるものと対極にある不浄なものに出家者が触れることをよしとしない文化もあります。

その点、日本の仏教では、僧侶が自ら身の回りの環境を整えることを当たり前としてきました。日常生活そのものを仏道とする仏教文化が発達してきたのです。そのおかげで、私たちの生活には、言葉から習慣に至るまで、仏教的なものが染み込んでいます。

藤田一照老師は、日本での修行後にアメリカで長く修行をされた曹洞宗のお坊さんです。自分のお寺を持たずに独自のスタイルで求道を続けられ、「一照さん」と多くの人々に慕われます。中には若者の姿も目立ちます。私もさまざまな場面でご一緒させていただき、一照さんの講義に大きな影響を受けました。

ある日、葉山にある一照さんの道場をお訪ねし、一緒に掃除をしながらお話しさせていただきました。「掃除の中でも代表的なのは、東司の掃除。トイレ掃除のことですよ。普通は人が一番嫌がるようなことを、長年修行を続けてきた古参の雲水さんが率先してやるんです」。一照さんはそう言って、「禅と掃除」について話し始めました。

掃除は自分でやるもの

自分のことは自分でやる、それが禅の基本です。南方仏教（インドなど南方アジアに広がった仏教）では僧侶は労働をしませんが、禅はそこをすっかり変えてしまいました。自給自足はもともとの戒律に反しますから、南方仏教では畑仕事もしないですし、そもそも修行の一環として作務をするという発想がない。南方仏教のように「自分たちは釈尊の言った通りを変えないでその通りをやっているんだ」と言っている人たちから見ると、掃除を修行の必須アイテムとする日本の禅はかなりニュータイプに見えるんじゃないでしょうか。

もちろんそこには、偶然ではない何か歴史的な必然もあっただろうし、またそれと表裏一体で思想的な必然もあったのだろうと思います。私にとって掃除をすることは当たり前だから、何の抵抗感もありません。むしろ、掃除が戒律に反するっていうなら、そんな戒律なんかいらないって思ってしまうくらい、大事なものだと思っています。ちょっと言い過ぎかな（笑）。

掃除の持つ意味合いとしては、まず「整える」ということがあると思います。自分の周りの環境は自分のこころの表現です。内側が整って外側が乱れている、ということはあり得ないはずです。だから、自分の身とこころを整えることの中には、環境を整えることも含まれます。掃除というのは、単に汚れているものをきれいにするだけのことではありません。

こんなふうに言うと禅は精神主義的だと言われるかもしれませんが、外を清めることで内を清める、逆もまた然り、ということなんじゃないでしょうか。それを強いて言わずに、掃除するのが大前提、当たり前として、とにかくやるのです。

掃除について私が多くの方からいただく質問に「掃除を専門の人や業者さんに頼んでやってもらうのはいけませんか」「お掃除ロボットは使ってはいけないいんでしょうか」というものがあります。私は、掃除の作業を他人やロボットに代わってやってもらうことを否定はしません。人それぞれ、いろんな事情や状況がありますから、人手が足りなければ誰かに手伝ってもらう必要も出てくるでしょう。掃除は単なる作業ではなく、自分のこころを磨く行です。だからこそ、行が苦行になってしまっては、心身が整うどころか、ストレスを増してしまいます。ときには人手も借りながら、自分が楽しんでやれる工夫をして取り組んでいただきたいです。


掃除は行です。誰かに代わってもらってしまうと、行になりません。

道元禅師も若い頃はそういうふうに考えておられたみたいで、こんなエピソードがあります。

道元禅師が中国へ渡ったときに、典座和尚（僧堂で修行僧のまかない料理を担当する和尚）が椎茸を買いに遠くからやってきた。仏法の話を聞きたかった道元禅師は、その和尚に「なぜあなたほどの僧侶が典座の職などしているのですか？　典座など誰かに任せてしまって、私と話しませんか？」と言った。すると和尚から「外国の好人、未だ弁道を了得せず、未だ文字を知得せざること在り（外国から来られたお客人よ、残念ながらあなたはまだ仏道の何たるか、文字の何たるかをおわかりでない)」と返された、というお話です。

世の中の常識から見ると、料理したり掃除したりという作務は毎日同じことを繰り返すだけの雑事であり、それに比べて瞑想や仏典を読むことは何か高級そうな感じがしますね。前者は早く誰かに任せてしまって、後者に時間を費やしたほうがいいんじゃないかと。道元禅師も最初はそういう考え方だったところに、典座和尚から「あなた、全然わかってないよ」と言われて、ハッと気がついた。後にその経験を振り返って、「私の目が開いたのは、あのときの典座和尚のおかげだ」と、いろいろなところに書いておられます。

「一日なさざれば、一日食らわず」

『百丈清規』という、禅の修行道場の規則を作られた百丈禅師は「一日なさざれば、一日食らわず」という有名な言葉を残されました。一生懸命作務をされる禅師でしたが、だいぶお歳を召してこられた頃に弟子が心配し、百丈禅師が作務に出られないようにするため、わざと作務の道具を隠したことがありました。すると、百丈禅師は食事を召し上がらなくなった。弟子が「なぜ召し上がらないのですか」と尋ねたら、「一日なさざれば、一日食らわず」と言ったのです。僧侶にとっての作務の大切さを説く有名なお話です。

このお話には、二つの教訓があると思っています。一つは、作務の大切さを説いているのでしょう。もう一つは、私の読み方として、「お前がわしの教えをわかっとらんのはわしの責任だから、自分を戒めるために食べないんだ」という、そういう含みもあるのかなと思います。百丈さんが自分に必要な修行として作務をしているのに、その機会を取り上げてしまうということは、弟子が作務の意味を全くわかっていないことの表れであると。

だから「一日なさざれば、一日食らわず」というのは、「働かざる者、食うべからず」とは全然違う意味なんです。「働かざる者、食うべからず」は、誰かを働かせるためのスローガンであり、働かない人を罰したり裁いたりするものでしょう。反対に「一日なさざれば、一日食らわず」は主体的な言葉であり、自分のポリシーの吐露なのです。宗教の言葉は全部、主体的な言葉として発せられています。

でも、主体的な意味を拡大して一般化してしまうと、縛りになって本来の意味と全く異なってくるので、気をつけないといけないですね。

わずかなことでも、徹底する

掃除と仏教といえば、「忘れることのできない」お話があります。茗荷《ミョウガ》という野菜がありますね。そうめんなどの薬味にもなる、香りの強い植物です。実は、

名僧に掃除を訊ねる③

掃除の身体性

藤田一照老師（曹洞宗）

茗荷は食べ過ぎると物忘れをするようになるという言い伝えがあります。その「茗荷」という名前の由来となったのが、周利槃特《しゅりはんどく》という仏弟子です。

お釈迦さまが在世の時代、弟子の中に摩訶槃特《まかはんどく》と周利槃特という兄弟がいました。兄の摩訶槃特はとても賢く、お釈迦さまの教えをよく学んでいましたが、弟の周利槃特はとても物覚えが悪く、仏教の教えを学ぶどころか、自分の名前すら覚えられないという有り様でした。

兄は弟を心配し、なんとかお釈迦さまの説く仏教を教えてあげようと工夫しますが、何をやっても弟は、朝に覚えたものも昼にはすっかり忘れてしまうので、途方に暮れてしまいました。

そんな周利槃特にお釈迦さまは、「自分が愚かであることに気がついている人は、智慧のある人です。自分の愚かさに気がつかないのが、本当に愚かな人です」と説き、周利槃特に「ちりを払おう、垢を除こう」と唱えながらほうきで掃除をするように指示しました。

それから周利槃特は、雨の日も雪の日も、暑くても寒くても、一日も休むことなく「ちりを払おう、垢を除こう」と唱えながら掃除をし続けました。そしてある日、「そうだ、ちりや垢とは、私の執着のこころのことだったのだ」と気がついた周利槃特は、ついに悟りを得るに至ったのでした。

その後、周利槃特が亡くなったお墓の後に、珍しい草が生えてきたので、それにつけられたのが「茗荷＝自分の名前を背負って歩く人」という名前であったと言い伝えられています。

「わずかなことでも、徹底して続ければよい」

物覚えの悪かった周利槃特が悟りを得たことについて、お釈迦さまは、「仏道を歩むということは、決して多くを覚えることではありません。なすべきことを徹底することが大事なのです。周利槃特は真剣に掃除することで、ついに悟りを開くことができたのです」とおっしゃりたかったのではないでしょうか。

周利槃特は、ブッダが言ったことに従って、素直に一心不乱に専念したわけでしょう。その専念のところに何かこころが整うことがあるのです。今で言えばマインドフルネスと言えるかもしれません。本当に一心に、よく観察して行うことです。イヤイヤやっていると、視野が狭くなります。「掃除しとけばいいんでしょ？　やればいいんでしょ？」というふうに思ってしまった途端に、僕らの知覚は狭くなってしまうのです。そうではなくて、自分の行として質を高めようとすれば、いくらでも工夫の余地が出てきます。

仕事でも勉強でも、何でもそうですね。イヤイヤやったら力は出てこないでしょう。でも、自発的にやったら力が出てきます。自発的に興味を持ってそこに意味をちゃんと見いだす。それが高まれば、周利槃特みたいに掃除だけで阿羅漢（仏教における聖者）になるということもあり得ると思います。だから、ただ掃除をすればいいというのではなくて、周利槃特がしたような向き合い方が大事なんです。

禅だと「打成一片《たじょういっぺん》（＝一切のことを忘れて坐禅に没頭すること、それによって実現するすべてが一体となった悟りの境地）になる」と言います。一つになる、なりきるということです。なりきるということは、自分の存在とやっていることの間に割れ目や隙間がないということです。そこには、イヤイヤという意識がないんですよ。「これをやったら何か儲かる」とかもないし、褒められたいという下心もありません。そこまでできたら、やっていること自体にその人が意味を見出しているでしょう。

自分の行っていることと自分自身とがピタッと重なって一つになっている。周梨槃特のように、そうなれたら素晴らしいと思います。しかし、なぜお釈迦さまは周利槃特という人に、他のことではなくて掃除を勧めたのでしょうか。お釈迦さまは、対機説法といって、相手を悟りへと導くために相手によってお話の中身や伝え方を変えたと言われます。周梨槃特には、他にもいろいろ行がある中でも掃除を勧められたのはなぜか。掃除には、他の行にはない何が含まれるのでしょうか。

インドの中での文脈で考えると、カーストとの関係もあり、掃除は「汚れ仕事である」という分別を僧侶たちは持っていたのかもしれません。ブッダの弟子の中で有名な人たちは、少なからず出家前に社会的地位があったり、生まれ育ちがいいところの坊っちゃんだった人物が少なくありません。ブッダにとって周梨槃特に掃除で悟りを開かせるという のは、そういう皆が下に見ているような仕事を通しても覚醒は可能だと いう、強いアピールになったのかもしれませんね。

掃除の身体性

一照さんと言えば、現代の僧侶の中でも、坐禅に限らず幅広く人間の「身体性」に注目され、ご自身でも実践されている第一人者でいらっしゃいます。掃除の身体性についてはどのように感じていらっしゃるのでしょうか。

掃除は本当にいろんな動作を含みますよね。たとえば、掃き掃除。手先だけで掃除している人に「腰が入ってない」と指摘することがあります。様になっていないんです。様になっていないと、効率が悪くなります。下手にやるとほこりが舞い上がって、時間ばかりかかってしまいます。効率が良ければいいというわけじゃないけれど、余計に散らかすことになって、掃除になっていないんです。

道具や身体の使い方を間違えると、疲れます。だから自然と、道具に沿った身体の使い方を学ばざるを得なくなるんです。それはつまり、道具によって身体を整えてもらうということですね。特に、ほうき。畳を掃くときは、先のしなやかなほうきを使います。外の落ち葉を掃くときに使う竹ぼうきなどは、巧みな身体の使い方を要求します。手先だけでちょこちょこやるのではなくて、全身でやる。地面とほうきと私という三者の関係を頭じゃなくて身体で理解して道具に合った所作でやらなければ、きれいにはなりません。

一見、誰でもできそうな雑巾がけも、案外難しい。特に、外国人は苦手な方が多いですね。濡れた雑巾で床を拭く機会が滅多にないのでしょう。モップ掛けくらいはあるかもしれませんが、しゃがんで四つん這いで雑巾で拭く経験は、まずないでしょう。

私は大学で体育実技の指導もしていますが、そこで雑巾がけをやらせると、動けない人がいます。雑巾に力をかけすぎると前に滑っていかないのですが、そこを突っ張るもんだから、滑らない。すっかり椅子文化になった現代は、掃除の所作だけでいいトレーニングになるんじゃないでしょうかね。

特に禅は、じっと坐っている時間が長いから、掃除を通じて身体を動かすことで、自然と必要なエクササイズを普段の生活に取り入れているんです。ジムなどに行かないと運動が不足するような文化は、近現代になって生まれた特殊な状況なんじゃないかと思います。

最近では、お金を払って掃除を他人に代わってもらって、さらにお金と時間をかけてスポーツジムに通うという方もいらっしゃいますが、掃除をトレーニングと考えればもっと有意義な時間になるのかもしれません。

お金を払って時間をかけてジムに通う。効率追求社会といいながら、よく考えると、どっちが効率いいのかわかりませんね。「作務でトレーニングができれば、もうそれで全部解決」という内容の本がアメリカにあります。でも、日本の発想とは全然違うんです。たとえば草刈り機の先端に重りをつけて使うとか、要するに筋肉の収縮力を上げる筋トレです。それに対して、私たちがやっているのは、全身の使い方の「洗練」なんです。アメリカが量的な拡大なら、日本は質的な刷新。両者は全然違います。

先日、人間の身体に関するテレビ番組で「背中」を特集していました。太鼓を叩く人、宅配便を運ぶ人、弓道の家元の人、背中のパーツのモデルさんや、バレリーナ。さまざまな背中の美しい人が出演していましたが、みな筋トレはしていないそうです。普段やっていることがそのまま筋トレであり、それ以外にやると変な筋肉がつきすぎるから、やらないのだそうです。生活の中で筋肉を鍛えているので、生活と別に筋トレする必要もないし、やれば逆にパフォーマンスが落ちてしまう。でも、私たちは「ああいうふうになるためには、どうすればいいか」と考えて、お金を払ってジムに通うんですよね。

掃除の民主性

私は、お寺の取り組みの中でも、掃除はとても「民主的」なものだなと思います。たとえば坐禅なら、指導者の和尚さんの力量が求められます。指導者と学ぶ者という明確な上下関係が生まれます。その点、掃除は平等です。僧侶が作務衣を着て掃除の道具さえ揃えておけば、あとはみんな勝手にやり始めます。僧が必ずしも教える立場にならなくてもいいのです。掃除には資格もいらないし、特別な知識も必要ありません。上下関係がなくて、とても民主的な取り組みだと思います。

僕も道場で掃除の会を開くことがありますが、うるさくは言いません。「このあたりをやってください」というくらいです。すると、自然にコミュニケーションが生まれます。仕事を介して自然発生的に交流が起きるんです。手を休めて話したりしているけれど、それは、ビジネストークでもないし、井戸端会議でもない。相手を利用するわけでも、何か頼むわけでもなくて、「あ、ここに虫がいる」みたいな話から始まる。みんなで掃除し終わってきれいになったところで、お茶を飲んで労をねぎらって解散。誰もが平等で、お互いを尊重できる場なんです。

ゲームとしての掃除

掃除をしながらとるコミュニケーションは、とても面白いものです。きれいにするという目標があるから、まったく無秩序に動いているわけではありません。しかし、始める前に綿密に作戦を立てて勝利を目指すようなものでもありません。ダンスのように、それ自体を楽しむ自己目的性もありながら、「きれいにする」という明確な目標も常にあります。ダンスの誘いには恥ずかしくて乗れないような、何をするにも大義名分が必要な人たちも、気軽に参加できます。

掃除をしているときは、「今起きていること」について話していますね。何か難しい話をするわけじゃない。他に何か、掃除を彷彿とさせるものってあるでしょうか。スポーツとはちょっと違う。もっと遊んでいるような感じ。ゲームが近いかもしれません。と言っても、競争ではなくて、勝敗のつかないゲーム。ゲームにも、二種類あるのをご存じですか？

「ファイナイトゲーム」と「インフィニットゲーム」。

ファイナイトゲームは、勝負がついたら終わるんです。ルールがあり、勝敗が決まったらゲームが終わる。勝敗に曖昧さが残らないように、ルールはかっちり決まっています。僕らがよく知っている普通のスポーツのゲームですよ。早く勝敗の決着をつけるのがよいこととされます。

一方、インフィニットゲームは、続けること、終わらせないことが最優先事項です。終わらせないために必要なら、ルールも変えてしまう。なるべく長く、深く楽しむことが目的で、勝ったり負けたりすることが目的じゃない。たとえば、蹴鞠とか。とはいっても、真剣さは必要です。真剣さがないと面白くないから。ただ、その真剣さは「勝つぞ」「負けないぞ」ではなくて、「徹底して楽しむぞ」という真剣さです。掃除も、それに近いものがあります。

道元禅師が正法眼蔵の冒頭に「仏道をならふというは、自己をならふなり。自己をならふといふは、自己をわするるなり。自己をわするるといふは、万法に証せらるるなり。万法に証せらるるといふは、自己の身心および他己の身心をして脱落せしむるなり」と示されています。曹洞宗では、悟りは修行の結果として得られるものではなく、坐禅の修行が悟りそのものであると考えると伺いました。つまり、悟りという目標が修行の終わりにあるのではなく、そもそも修行と悟りは切り離すことはできないものだということです。

「道は無窮《むきゅう》なり」という言葉があります。道には窮《きわ》めるということがない、いつまでも完成がない、という意味です。「八九成《はちくじょう》」という言葉もあります。八割から九割でひとまず完成という意味です。１００％の完成は「十成《じゅうじょう》」と言います。十成とは、要するに、上がりってことですね。それに関連して「十成を忌む」という言葉もあります。修行は十成を忌む、つまり十成ということがあり得ないから、常に「八九成」だと。七、でもない。七は、多分、サボっている。やっぱり目指すべきは八、九ぐらいなんですよね。

完璧にすることが目的じゃないんですよ。もちろん、できるならしたほうがいい。四角い角をいい加減に丸く拭くよりは、しっかり隅まで拭いた方がいいんです。でも、いつもそうやって拭いていればいいのかというと、そうでもないんですね。そこが難しいところです。マニュアルに機械的に従うだけではだめなんです。それが八九成の精神です。

「八九成」の意味するところを、掃除はとてもわかりやすく教えてくれているように思います。秋の落ち葉掃きなど、掃除が終わった瞬間から、また葉っぱが落ちてきますので、終わりがないことを痛いほど思い知らされます。

掃除って、きれいにしてもまた汚れるんですよ。僕はどちらかといえばきちっとしたい性格なので、落ち葉が一枚もなくなるところまでやるけれど、もうその次の瞬間、「十成」と喜んだとたんに、またハラッと一枚落ちてくる。そうしたらもう、「あー、くっそ〜！」となるじゃないですか（笑）。だから、神経質でもいけないんです。完璧主義でもいけない。完璧を目指すのだけど、完璧主義ではいけないんです。ベストを尽くすけど、ベスト至上主義じゃない。その兼ね合いが面白いところです。仏教の「中道」という考え方に通じるんじゃないでしょうか。

ブッダは「生まれによってバラモンとなるのではない。行いによってバラモンとなるんだ」と言いました。その行いというのは、何を（what）するかじゃなくて、いかに（how）するかということでしょうね。いかに宗教的な行為でも、自分を見せびらかすためにやったら、それはエゴの表現であって、聖なるものじゃないでしょう。そこでは、行為の質、行為への態度が大切になってくるのです。

第四章

仏道と掃除

戒＝良き習慣を持つ

朝起きて、お経を読んで、朝ご飯をいただき、掃除をする……お寺にはこのような日々の習慣があります。この習慣の大切さをあらためて考えています。

仏教には「戒」というものがあります。みんなで守っていくべき決まりのようなものです。代表的なものとして五戒という戒があります。聞いたことのある方もいらっしゃるのではないでしょうか。

五戒とは、

不殺生戒《ふせっしょうかい》……生き物を故意に殺してはならない
不偸盗戒《ふちゅうとうかい》……他人のものを盗んではいけない
不邪婬戒《ふじゃいんかい》……不貞を行ってはならない
不妄語戒《ふもうごかい》……嘘をついてはいけない
不飲酒戒《ふおんじゅかい》……酒などを飲んではいけない

というものです。

他にもいろいろな戒がありますが、昔から僧侶は修行中、グループを作ってこれらの戒を守るよう心がけながら生活をしてきました。しかし、すべての戒を一切破らずに過ごしていくのはたいへん難しいことです。そこで、彼らは新月と満月の日、月に二回、布薩《ふさつ》と呼ばれる集まりを開きます。布薩では、お互いに戒を確認し合い、もし破ってしまったならば気をつけましょうと反省をします。いわば僧侶たちの反省会です。

戒というと、必ず守るべき規則であり、破ったら罰則があるものと思われるかもしれませんが、本来は「良き習慣」という意味合いが強いものです。「戒を守るのではなく、戒に守られる」という見方もあります。なるほど「戒＝習慣」と捉えるならば、「習慣に守られる」のは我が身を振り返ってみてもよくわかります。

私たち人間は習慣によってつくられる生き物です。行動の仕方、言葉の使い方、考え方、どれも幼い頃から少しずつ繰り返し繰り返し自分の習慣として身につけていくものです。良き習慣を身につければ、心身が整い人生が整います。

掃除は、このような良き習慣にうってつけです。活動を習慣化するには、それに報酬を伴うことが重要だと言われています。報酬といっても、お金やご褒美が得られるというものではありません。それを行うことで、満足感が得られたり、よい気分になったりするような精神的な報酬です。

お寺のような神聖な場所を掃除することには、仏さまとつながる、仲間とつながる、自分自身とつながる感覚という大きな報酬が伴いますから、よき習慣として定着しやすいのではないでしょうか。

そういった良き習慣、つまり戒を守っていくことが、私たちのこころのよりどころとなり、私たち自身を守っていくことにもなるのです。

いや実は
この間…
あ。
それなら
私も…

「良き習慣づくり」が仏道のスタート

仏道における学びの基本に「戒定慧《かいじょうえ》」の三学があります。

・「戒」は戒律、生活を整え良き習慣を身につけること
・「定」は集中力、こころを制御して平静を保つこと
・「慧」は智慧、究極的に悟りであり、自己と世界を正しく見ること

つまり、「正しい言葉・行い・生活という習慣を保ち」「正しく気づきと集中を保つよう努め励む」ことにより、「正しく物事を見て、考える智慧が生まれる」ということです。

それを踏まえて、「良い習慣」とは何なのでしょうか？　仏道の基本は、「自他の抜苦与楽」です。「自分も他者もより苦しまず、より幸せに生きられること」が目的なのです。それを達成できる習慣こそが「良い習慣」だと言えるでしょう。

良き習慣を身につけることとは、決して依存や思考停止に陥ることではなく、ど

んな状況に置かれても自分の頭で考えて、自分の足で歩んでいける自律性を身につけること、そしてそのような歩みをともにできる仲間を持つことです。

親鸞聖人は、戒のひとつも守れない凡夫である自己の愚かさを徹底的に見つめた方でした。

戒を守るどころか、ちょっとしたきっかけで何をしでかすかわからないのが、この我が身です。凡夫ですから、どんなに心がけても、「またやってしまった」「わかっちゃいるけどやめられない」の繰り返しで、終わりはありません。

戒定慧が仏道の基本であるならば、最初からつまづいてしまっているのがこの私であり、仏＝悟りに至る要素のかけらも自分の中には見出せないことだけは、確かな現実です。

でも、そういう私こそが阿弥陀如来の救いの目当てであるというのが、親鸞聖人の師である法然上人が説かれた念仏の教えでした。戒を墨守することが救いの条件にならないからこそ、「どんな人でも救われる教え」として念仏の教えは広く民衆に広まったのです。

しかし、だからと言って「どうせ守れないんだから、欲望のままに好き勝手生きていいんだ」と開き直るような態度は、親鸞聖人はよしとしませんでした。「薬あり毒を好めと候ふらんことは、あるべくも候はずとぞおぼえ候ふ」という親鸞聖人の言葉があります。薬があるからといって、好き好んで毒を飲みなさいということがあってはならないと、お説きになっています。

浄土真宗で習慣といえば、「聴聞《ちょうもん》」「聞法《もんぼう》」と言って、仏法を聞き続ける習慣を持つことが何より大事であると言います。

でも、ちょっと仏教のお話を聞いて、ちょっといい人間になったような気持ちになっても、またすぐに元に戻ってしまう……。

それについて、蓮如上人は「それはまるでスカスカに穴の開いたかごで水をすくおうとするようなものである。では、そのかごで水をすくうにはどうしたらいいか？　かごを水に浸してしまえば良い」と言われました。

そうすればかごには自然に水が入り満ちて来るでしょう。それくらい聴聞をし続けなさい、というお話です。

全く当てにならない私が、聴聞という良き習慣を保つことによって、知らず知らずのうちに整えられていくのです。その習慣はやがて、人柄に反映されていくことでしょう。これもまた、習慣の力のお話です。

仏教は習慣である

もう少し広い視点で見ると、仏教そのものが習慣であるともいえます。

読者のみなさんが仏教を意識するのは、どのようなときでしょうか。おそらくお葬式や法事のときなのではないでしょうか。お葬式ですと、お通夜があり、告別式があり、四十九日法要がありと続きます。法事でいいますと、一周忌、三回忌、七回忌、十三回忌と続いていきます。これらはまさに習慣です。なぜ仏教は、人の死を習慣に組み込んでいるのでしょうか。

それは、亡くなられた方との関係性を取り戻す、結び直すためだと考えています。たとえば、夫婦の片方が亡くなると、残された配偶者は今まで相手にかけていた言葉を失ってしまいます。いつも呼んでいたその人の名前を発する機会を失うのです。その失われた部分を取り戻し、亡き方との新たな関係性を結び直すために、お葬式や法事という習慣をつくるのだと思います。仏教は、生活も人の死も習慣にすることで、苦しみを解放していく営みなのではないでしょうか。

名僧に掃除を訊ねる④

自力と他力

梶田真章貫主（法然院）

法然院は、京都の東山にある単立寺院（宗派に属さない寺）です。京都には「門掃き」という習慣があり、自分の家の前だけではなく、余裕があればよその家の前も掃きます。街中にオフィスビルが建ち並ぶ今でも、社員さんが会社の前を掃くという習慣が残っています。掃除はコミュニケーションでもあるのです。

一掃除
二勤行とや
落ち葉掃く

これは法然院の先々代貫主、梶田信順師による掃除の俳句です。法然院の大玄関の衝立に、大きな文字でこの句が書かれています。その先々代貫主の孫にあたり、現貫主である梶田真章さんにお話をお聞きしました。

変わることと、変わらないこと

祖父はこの法然院がかつて多くの随身さん（修行僧）たちを抱えていた頃に、小僧から叩き上げでやってきた人です。その時に、「一掃除、二勤行」と叩き込まれたんでしょうね。それを伝えたいということで、玄関の衝立に残したのだと思います。

明治三十四年から昭和九年まで法然院の境内に、佛教大学の前身である佛教専門学校があり、そこに通う学生さんたちは法然院と直接の関係はなかったのですが、大きい法事などがあると、お手伝いにきてくれていたみたいです。そういう中で、若い人たちに「一掃除、二勤行」の精神が伝えられていったのだと思います。

私の若い頃にもまだ、法然院には何人かの随身さんがいて、一緒に暮らしていました。食事は毎日交代の当番制で準備していましたし、いつ

名僧に掃除を訊ねる④

自力と他力

梶田真章貫主（法然院）

もいろんな人が出入りするので、お寺といえども必ずしも集中できる場所ではありませんでした。雑念が生まれやすい環境です。そんな中、一瞬一瞬、常に人のこころは周りの状況によって移り変わるものだということを掃除を通して実感していきました。

法然院は、もともと江戸時代に、浄土宗の僧侶の修行道場として始まりました。僧侶が戒を守っていくために建てられたお寺ですから、普通のお寺よりも修行に重点を置いたお寺として、特に掃除が大事にされてきたのです。

掃除は基本、毎日同じことの繰り返しです。けれども、同じ掃除をしながらも、気候や動植物の活動によって、いろいろな違いがあるんです。春になれば廊下を拭いたら雑巾に花粉がついたりしますし、秋には境内の落ち葉が増えたりと、自然の変化を感じることができます。また、お寺の廊下を拭いていると、今までこの廊下をどれだけの人が拭いてきたのだろう、どれだけの人が歩いてきたのだろうと、今、ここでこうして、自分がこのお寺を掃除して守っていることの意味を考えさせられます。

私の感覚だと、掃除をしている最中に、常に心が研ぎ澄まされたり無心になっているということはありません。何気なく鳥の鳴き声などを聞きながら、あるいは歴史に思いを馳せながら、ふと手を止めて立ち止まり、気を静め、自分を見つめて問い直していく。禅的には、掃除は自分を磨いていくための修行なのかもしれませんが、浄土的には、掃除は人間には集中できるときと集中できないときと両方あるんだということを教えてくれるものかもしれません。

同じ掃除でも禅的な視点から見ると「こころを磨くこと」が強調されますが、浄土教的な視点から見ると「磨いても汚れるこころ」が強調されるというのは、面白いことです。どちらが正しいということはなく、同じことを違う面から表現しているのだと思います。

このお寺へ来ることで少し日常を離れ、自己のあり方を問い直す方がいらっしゃる。これからもそういう環境や雰囲気をできるだけ保っていくことに意味があると思っています。諸行無常ですから、本当は変わらないものなんて何一つないのです。しかし、それでも変わっていないように感じられるところもある、という環境、雰囲気を保ちたいのです。四十年ぶりに訪れた人に「変わったところもあるけど、やっぱり変わらないところもあるね」なんて言っていただけると嬉しいですね。

数十年、数百年と時を経ても変わることなく営まれてきたことを同じような形で続けているのが、お寺です。節分など季節の行事や、法事や墓参りでの弔い。生まれてきた以上、死ななければいけない。その中に私もいるんだ、ということを思い出していく場所です。ひとりで生きているかのような孤立感を抱いたり、自分さえよければといった自己中心性が出てしまうようなときに、大事なことを取り戻していただける場所でありたいと願っています。

そのためにも掃除はいいですね。一緒に掃除をしながら坊さんが何気なく言ったことが、生き方のヒントになるようなこともあるかもしれません。お庭が美しくてよかった、にとどまらず、感じて、味わって、自分を問う、というところまでいく時間を味わうことができます。

掃除は自力でも他力でも

法然院は境内が広く、周りには大文字山に抱かれる自然豊かな環境があります。自然と一体化したお庭は美しく整えられ、種々の木々が季節によって多彩な表情を見せてくれます。当然、落ち葉もたくさん。掃いても掃いても終わりがない、とても掃除のしがいのあるお寺です。

掃除のとらえ方にはお寺によって違いがありますが、法然院さんへ行くと、完璧さを追求する厳しさよりも、自然に任せる優しさを感じます。不思議なものですが、宗派が異なり、教えが異なれば、それが掃除のとらえ方にも反映されるのでしょうか。

禅的な考え方が強くなりすぎると、「とにかく厳しい修行をすればいい」となり、逆に浄土的な考え方が強くなりすぎると、「とにかく信じればいい」となり、二極化が生まれます。その点、掃除は、自力とも言えるし他力とも言えるし、仏道への「間の入り口」になるのではないでしょうか。

法然や親鸞も最初から他力ではなく、比叡山で厳しい自力の修行を突き詰めたのちに、他力の道に入りました。自力も他力も、どちらの仏道の入り口にもなるのが掃除かなと思います。他力の教え、念仏の道を大事にしている方は、掃除しながら念仏すればいいんですよ。

自力にも他力にも通じる掃除は実に奥が深いものです。このように、宗派を超えてさまざまにかたちを変えて受け入れられているところに、掃除の懐の深さを感じます。

第五章

掃除はお寺と社会をつなぐ

「私」は関係性の中にある

華厳経《けごんきょう》というお経に、インドラネット、インドラ王の網、という話があります。私たちは、仏教で縁起というところの、網のような世界を生きているというのです。

仏教では「縁起」という考え方を大切にします。今どきは、よく「縁起が良い」とか「縁起が悪い」というふうに使われがちですが、本来の意味は「全ての存在は縁によって成り立っている」というその仏教の世界観を表すものです。

それそのものとして独立して成り立っているものは何もなく、全ては相互関係的に成り立っていて、何かが変化すればそれがまた他の全てのものに反映されてくる。私たちは皆、そういう関係性で成り立っているということを示しています。

そして、全ては関係性によって起こってくる、それはインドラ網のようなものであると言うのです。私たち一人ひとりは、その網の目であると。

網の目というのは糸と糸が交差したところにたまたま引っ掛かりがあって、それを目と呼んでいるだけであり、それ自体で独立して存在しているものではありません。仮に、そこに生まれてきたものだとも言えます。

さらに、その目の一つ一つに宝石が付いていて、私たち一人ひとりはその網の目の宝石のようなものであると言います。でも、一つ一つの宝石がそれ自体で光っているわけではありません。互いに、ほかの全ての宝石の輝きを反射して輝いているというのです。

想像してみてください。真っ暗闇の中で、輝き合う宝石の世界を。

それこそが、「縁起」の世界を表しているのだという喩えです。

これは、お互いが他者を反射して存在するものだとしたら、「私」を突き詰めていくと、どこにも私がいないことになります。すなわち、「空《くう》」です。それを本当に知ることが悟りであると、言われます。

実は、西洋的な文化の中では、「空」という考え方には恐ろしさが伴うようです。空の思想は、英語では「無＝emptiness」として訳されるわけですが、無というのが怖いのです。

私という存在は、ここにこうして確かにあるはずだから、無というのはどうしても認められないというのです。

私たちは関係性の中に存在する、という考え方が受け入れがたく感じられる場合は、こんなふうに考えてみたらいかがでしょう。

前の章で、「抜苦与楽」――苦を抜いて楽を与える、それを自分と他者と両方において行う、すなわち、「自他の抜苦与楽」が仏教の基本だと述べましたが、「無であると同時に全てである」というのは、自他の抜苦与楽は、自と他がそれぞれ切り離されているわけではない、ということでもあります。

私たちの日常感覚で言うと、まず自分を大事にして、ちょっと余裕が出てきたら他の人を助けようか、やっぱり他の人を助けるにも、まずは自分がちゃんと整っていないとできないよね、というふうに、自他の順序が問題になりがちです。しかし、縁起の話でいうと、自の抜苦与楽と他の抜苦与楽が分かれているわけではなく、他者に何か働き掛けること自体が、即時に自分にも反映してくるということなのです。

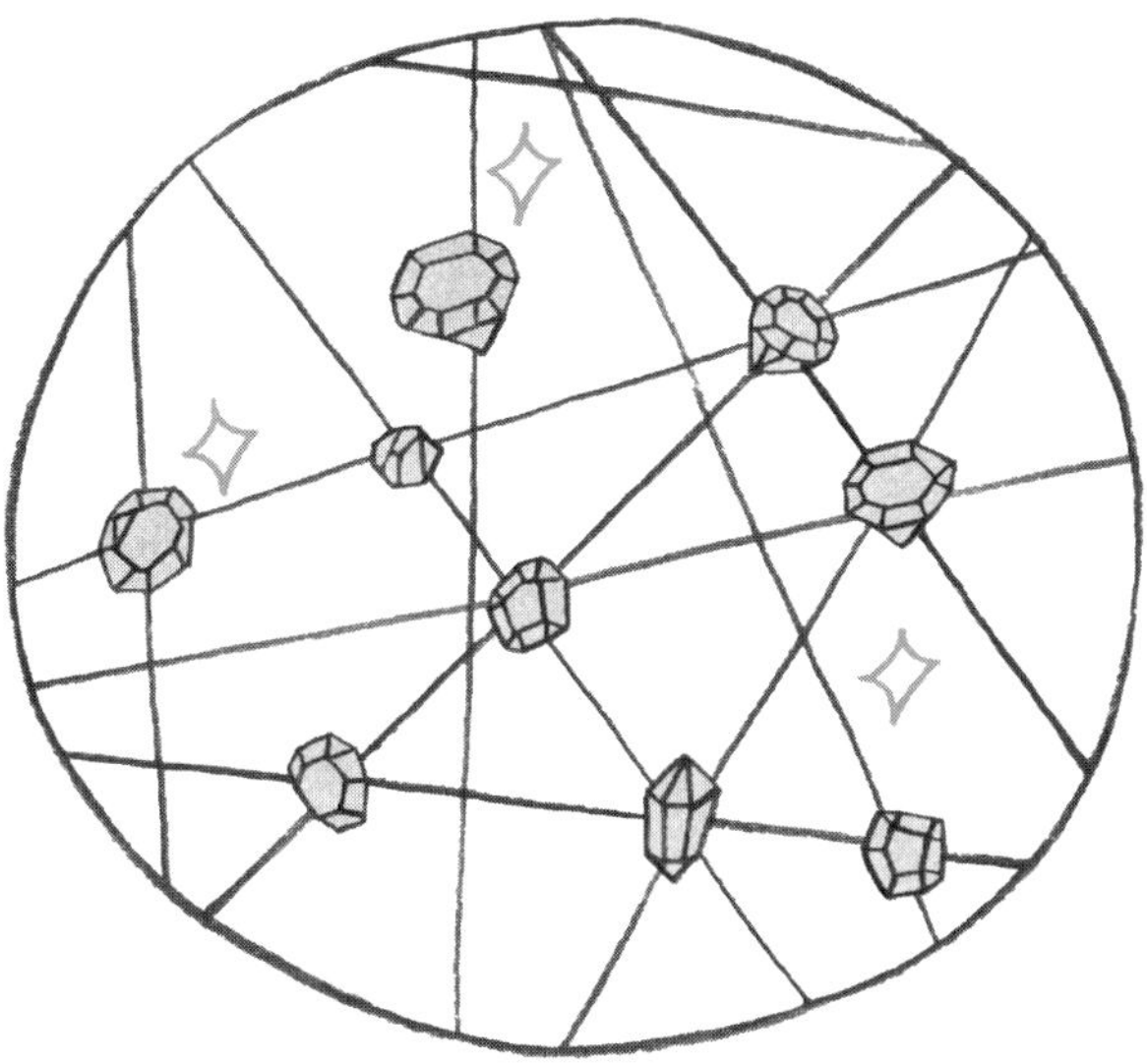

布施の実践は「恐れ」の掃除

布施には大きく三種類あります。仏法を施す「法施」、金品を施す「財施」、そして恐れを取り除く「無畏施」です。

布施といえば、一般的には「僧侶が仏法を施し、それに対して信徒が金品を施してその活動を支える」と考えられています。無畏施はおまけ程度で、あまり注目されない存在です。しかし、私は無畏施こそ今の時代に重要だと思っています。

現代は、一度失敗したらとことんまで叩かれ、再挑戦をしにくい雰囲気があります。将来への不安が広がり、お年寄りも若者も身動きがとれなくなっています。貧富の格差が広がって、社会は分断されつつあります。

こういう時代だからこそ「無畏」、つまり、なんの不安もなく、そのままの自分で安心していられて、恐れずに勇気を持って歩んでいけるこころを、お互いに布施し合うことが大事ではないでしょうか。無畏施は「恐れ」の掃除です。

さらば!
恐れ

孤独を掃除する

お寺のような公共の場を掃除することには、自分を見つめるということ以外に、もうひとつの意味があります。それは「居場所」になるということです。

仕事とは異なり、修行としての掃除は何時間やったからいくらもらえるというものではありません。掃除という行為そのものに価値があります。ですから、私が私として、そこにいることが許されるという感覚が得られます。特に、お寺は神聖な場所ですので、そこを掃除することで誰に評価されるわけでもありませんが、仏さまとつながるという特別な安心感を生みます。

また、誰かと同じ場所を掃除していたとしても、そこに多くの会話があるわけではなく、付かず離れずのちょうどよい距離感が生まれます。学校や会社のように、仲間やチームをつくって積極的にコミュニケーションをとる必要はありません。誰もが自然に、その場に馴染むことができます。

私は、この掃除の作用は、現代社会の孤独や孤立という問題に何か良い効果をもたらしてくれるのではないかと感じます。

現在の日本では、七十万人以上のニート・引きこもりの方がいると言われています。その大きな要因として「居場所がない」ということが挙げられます。いじめやコミュニケーションを上手くとれないことが原因で、仲間はずれにされたり、仕事ができないと判断され、居場所を失ってしまっているのです。

しかし、掃除は彼らに居場所をもたらすことができます。掃除は成果を評価するものではありません。掃除をするということだけで、そこにいる意味があります。また、他人と上手くコミュニケーションをとる必要もなく、一緒に掃除をするだけで緩いつながりを得られます。

いわゆるニートの方たちが集まって、お寺で掃除をしていただいたことがあります。参加者のみなさんに感想をうかがったところ、とても好評でした。お寺は、普段の生活とは切り離された「集まる」ための場所です。また、成果を求められない掃除は、仕事の効率が評価される現代においては、プレッシャーのない数少ない活動です。だからこそ、お寺での掃除に、みなさん居心地の良さを感じたのでしょう。居場所づくりとしての掃除の可能性を感じた、貴重な経験となりました。

悟りで、生きる意味を失うことはない

全部、掃除して心が整い切ってしまったら、自分ではなくなってしまうのではないか、モチベーションも向上心もなくなってしまうんじゃないかと心配する人がいますが、それは杞憂というものでしょう。

お釈迦さまは、二十九歳で出家して三十五歳で悟りを開いたと言われます。掃いても掃いても落ちてくる、煩悩という落ち葉もすっかり掃除し切った、木そのものを切ってしまったので、もう落ち葉も落ちてこない段階にまで達した、ということです。

そのとき、お釈迦さまには、二つの選択肢がありました。もう生きる意味もないから死のうか。あるいはひとりでひっそりとこの果実を味わいながら余生を生きるか。

そのとき、梵天勧請《ぼんてんかんじょう》という出来事があったとされます。神さまが現れて、「あなたが悟ったその道をみんなに説かずに終わってしまったら、誰もその境地に達することができなくなってしまう、せっかくそこまで行ったんだから、それをぜ

ひ皆に説いてくれ」と、お釈迦さまにお願いしたというのです。

それを受けて、お釈迦さまは、三十五歳から死ぬ八十歳までの四十五年間、人びとに伝え続けました。


「抜苦与楽」――自分の苦がなくなったら、次は他の苦を除きに行くのです。

こころのちりがすっかり払われてからの行動の仕方は、その人それぞれの個性で異なるでしょうけれど、お釈迦さまの足跡を見る限り、自らの苦がなくなることによってモチベーションがなくなる、向上心がなくなるということは決してなかったことがわかります。

むしろ、失うものはもう何もなくなっているからこそ、困難な事業に命懸けで打ち込むことができるように思います。でも、心配はいりません。私たちのこころのちりが完全に消えることは、これからもきっとないでしょう。生きている限り、ちりは積もり続けます。ちりが積もってくれなければ、掃除に張り合いも出ないというもの。積もるちりに感謝して、今日も掃除に精を出しましょう。

あとがき

テンプルモーニングの日は、いつも楽しみです。

その日はいつもより早く、六時前に起床します。「あれ、お坊さんにしては遅くないですか?」と思われるかもしれませんが、私はもともと早起きがあまり得意ではないのです。本当はまだ寝ていたいくらいです。でも「みんながお参りに来る」と思えば、起きる気力が自然に湧きます。

目覚ましのために洗面をしてから、お寺で朝ごはん。たいてい、玄米とお味噌汁と納豆とお豆腐をいただきます。その後、本堂の明かりをつけ、香炉にお焼香のための墨を入れて、ロウソクに火を灯して、みなさんをお待ちします。

七時半に「ようこそお参りくださいました」のご挨拶をして、読経の開始。お経を読む間は、何も考えていません。早朝から大きな声を出すのは気持ちがいいものです。呼吸も自然に整います。それから、みんなそれぞれ境内に散らばって掃除を始めます。掃除中も、特にあれこれ考えません。ただ掃き、ただ拭く。屋外の掃除は、季節の変化を感じられるのがいいですね。

そして最後に、お話。今日はこのことをお話ししようかな、と私が事前に考えていたことを短くお話しした後、その場で自由に対話します。毎回、何かしらの面白い気づきがあります。

そして八時半、ぴったり終了。お疲れさまでした、いってらっしゃい。お互いに声を掛け合って、それぞれの一日の始まりです。足早に職場へ向かう人もいれば、本堂に残ってしばし、一期一会の名残を惜しむ人もいます。私も皆さんとの交流に加わってから、その日の自分の仕事に取り掛かります。

テンプルモーニングから始まる一日は、いつもより心身が整っているように感じます。毎回、基本的に同じ内容の繰り返しですが、同じことを繰り返そうと思っても、同じということには決してなりません。だからこそ、心身の微妙な変化に気づくことができます。

そういう気づきも日々を過ごしているうちにだんだんと崩れてくるのですが、また二週間後に立て直す次の機会がやってくるので、とても助かっています。私が私であるために、テンプルモーニングは欠かせない習慣となりました。

今でこそ掃除の大切さ、習慣づくりの大切さを身に沁みて知りましたが、恥ずかしながら、以前はまったくと言っていいほど、そういうことを疎かにしていました。ものが散らかっていると落ち着かない性格なので、昔から片付けや整理整頓はすすんでやるのですが、掃除にとりわけ熱心というわけではありませんでした。また、もともと挨拶やマナーや礼儀など形式ばったことが苦手なこともあり、日々の習慣づくりなんか仏教の教えとは関係がない、くらいに思っていたのです。ひとことで言えば、頭でっかちな僧侶でした。

仏教の慈悲深いところは、そういう人にも入りやすい入り口を用意してくれていることです。仏教は最初、頭でっかちな私にとって、宗教というよりも哲学として、魅力を放っていました。人はどこから来てどこへ行くのか、なぜ人は苦しむのか、どうしたら苦しみが消えるのか、といった頭の中の問いに、仏教は理路整然と答えを示してくれたのです。そのような教えを学ぶうちに、頭はスッキリし、私はひとときも、自分がものの道理、人生の道理がわかったような気になりました。さらには、仏教を頭で理解できてさえいれば、生き方やあり方は関係ない。それこそ日々の習慣を整えるだなんて、それは仏教ではなく道徳の話にすぎない。かつての私はそんなふうに考えていました。

しかし、どうもおかしい。仏教は抜苦与楽であるはずなのに、ちっとも苦が抜けないし、楽がやってこない。わかったような顔をしていただけであって、本当は何もわかっていないのだ……そう気づいたとき、それまで身につけてきた日々の習慣が私を支えてくれているのだと、急に実感されるようになりました。

聞き慣れたお経を読むこと。隅々まで境内を掃除すること。親しい人たちとお話をすること。日々の習慣が、私を作っているのだ。習慣こそ、私そのものであり、仏道である。「戒」の訳語が「習慣」であり「人柄」であるということが、ストンと腹に落ちたのです。それ以来、とかく頭に偏りがちだった私の生き方は中道に向き始め、日々の苦はだいぶ楽になったように思います。

自身の悪を徹底的に見つめた親鸞聖人は「さるべき業縁の催せば、如何なる振舞もすべし」とおっしゃいました。何かのきっかけさえあれば、どんなことをしでかすかわからないのが、私たち人間であると。

そんな人間を踏みとどまらせてくれているのも、良き習慣です。掃いても掃いてもちりが積もり続ける私の掃除に、終わりはありません。だからこそ、これからもテンプルモーニングの仲間と一緒に、掃除から始まる良き習慣づくりを、長く楽しく続けていきたいと思うのです。

ブッダの言葉を引いて、あとがきを結びます。

「生まれによって賤しい人となるのではない。生まれによってバラモンとなるのではない。行為によって賤しい人ともなり、行為によってはバラモンともなる」

最後になりましたが、いつもテンプルモーニングの活動を応援くださっている光明寺の石上和敬住職ならびにご寺族に、深く感謝いたします。

また、今回の書籍執筆にあたり、快く取材に応じてくださった堀澤祖門様、梶田真章様、藤田一照様、横田南嶺様、諸先生方ならびに取材支援くださった小出遥子さん、テンプルモーニングの仲間の皆さん、未来の住職塾の仲間の皆さん、さらに、私の遅筆に根気よくお付き合いくださったディスカヴァー・トゥエンティワン社の干場弓子さんと渡辺基志さんにも、心より御礼を申し上げます。

合掌

松本紹圭

こころを磨くSOJIの習慣

発行日　2019年　7月20日　第1刷

Author　松本紹圭

Book Designer　鈴木大輔
Illustrator　田村記久恵

Publication　株式会社ディスカヴァー・トゥエンティワン
〒102-0093　東京都千代田区平河町2-16-1平河町森タワー11F
TEL　03-3237-8321（代表）03-3237-8345（営業）
FAX　03-3237-8323
http://www.d21.co.jp

Publisher　干場弓子
Editor　干場弓子　渡辺基志

Marketing Group
Staff　清水達也　飯田智樹　佐藤昌幸　谷口奈緒美　蛯原昇　安永智洋
古矢薫　鍋田匠伴　佐竹祐哉　梅本翔太　榊原僚　廣内悠理
橋本莉奈　川島理　庄司知世　小木曽礼丈　越野志絵良　佐々木玲奈
高橋雛乃　佐藤淳基　志摩晃司　井上竜之介　小山怜那　斎藤悠人
三角真穂　宮田有利子

Productive Group
Staff　藤田浩芳　千葉正幸　原典宏　林秀樹　三谷祐一　大山聡子
大竹朝子　堀部直人　林拓馬　松石悠　木下智尋　安永姫菜　谷中卓

Digital Group
Staff　伊東佑真　岡本典子　三輪真也　西川なつか　高良彰子　牧野類
倉田華　伊藤光太郎　阿奈美佳　早水真吾　榎本貴子　中澤泰宏

Global & Public Relations Group
Staff　郭迪　田中亜紀　杉田彰子　奥田千晶　連苑如　施華琴

Operations & Management & Accounting Group
Staff　小関勝則　松原史与志　山中麻吏　小田孝文　福永友紀　井筒浩
小田木もも　池田望　福田章平　石光まゆ子

Assistant Staff
俵敬子　町田加奈子　丸山香織　井澤徳子　藤井多穂子　藤井かおり
葛目美枝子　伊藤香　鈴木洋子　石橋佐知子　伊藤由美　畑野衣見
宮崎陽子　並木楓　倉次みのり

Proofreader　株式会社鷗来堂
DTP　アーティザンカンパニー株式会社
Printing　大日本印刷株式会社

・定価はカバーに表示してあります。本書の無断転載・複写は、著作権法上での例外を除き禁じられています。インターネット、モバイル等の電子メディアにおける無断転載ならびに第三者によるスキャンやデジタル化もこれに準じます。
・乱丁・落丁本はお取り替えいたしますので、小社「不良品交換係」まで着払いにてお送りください。
本書へのご意見ご感想は下記からご送信いただけます。
http://www.d21.co.jp/inquiry/

ISBN978-4-7993-2540-7
(c)Shoukei Mtsumoto, 2019, Printed in Japan.